DISCRICIONARIEDADE E CONTROLE JURISDICIONAL

CELSO ANTÔNIO BANDEIRA DE MELLO

DISCRICIONARIEDADE E CONTROLE JURISDICIONAL

3ª edição

Belo Horizonte

2025

© 1992 Malheiros Editores
1993 2ª edição
© 2025 3ª edição Editora Fórum Ltda.

É proibida a reprodução total ou parcial desta obra, por qualquer meio eletrônico, inclusive por processos xerográficos, sem autorização expressa do Editor.

Conselho Editorial

Adilson Abreu Dallari
Alécia Paolucci Nogueira Bicalho
Alexandre Coutinho Pagliarini
André Ramos Tavares
Carlos Ayres Britto
Carlos Mário da Silva Velloso
Cármen Lúcia Antunes Rocha
Cesar Augusto Guimarães Pereira
Clovis Beznos
Cristiana Fortini
Dinorá Adelaide Musetti Grotti
Diogo de Figueiredo Moreira Neto (*in memoriam*)
Egon Bockmann Moreira
Emerson Gabardo
Fabrício Motta
Fernando Rossi
Flávio Henrique Unes Pereira
Floriano de Azevedo Marques Neto
Gustavo Justino de Oliveira
Inês Virgínia Prado Soares
Jorge Ulisses Jacoby Fernandes
Juarez Freitas
Luciano Ferraz
Lúcio Delfino
Marcia Carla Pereira Ribeiro
Márcio Cammarosano
Marcos Ehrhardt Jr.
Maria Sylvia Zanella Di Pietro
Ney José de Freitas
Oswaldo Othon de Pontes Saraiva Filho
Paulo Modesto
Romeu Felipe Bacellar Filho
Sérgio Guerra
Walber de Moura Agra

CONHECIMENTO JURÍDICO

Luís Cláudio Rodrigues Ferreira
Presidente e Editor

Coordenação editorial: Leonardo Eustáquio Siqueira Araújo
Thaynara Faleiro Malta
Revisão: Gabriela Sbeghen
Capa, projeto gráfico e diagramação: Walter Santos

Rua Paulo Ribeiro Bastos, 211 – Jardim Atlântico – CEP 31710-430
Belo Horizonte – Minas Gerais – Tel.: (31) 99412.0131
www.editoraforum.com.br – editoraforum@editoraforum.com.br

Técnica. Empenho. Zelo. Esses foram alguns dos cuidados aplicados na edição desta obra. No entanto, podem ocorrer erros de impressão, digitação ou mesmo restar alguma dúvida conceitual. Caso se constate algo assim, solicitamos a gentileza de nos comunicar através do *e-mail* editorial@editoraforum.com.br para que possamos esclarecer, no que couber. A sua contribuição é muito importante para mantermos a excelência editorial. A Editora Fórum agradece a sua contribuição.

Dados Internacionais de Catalogação na Publicação (CIP) de acordo com ISBD

B214d   Bandeira de Mello, Celso Antônio

         Discricionariedade e controle jurisdicional -- 3. ed. -- / Celso Antônio Bandeira de Mello. Belo Horizonte: Fórum, 2025.

         91 p. 14,5x21,5cm
         ISBN impresso 978-65-5518-792-2
         ISBN digital 978-65-5518-799-1

         1. Ato administrativo. 2. Ato legislativo. 3. Discricionariedade. 4. Atos administrativos discricionários. 5. Controle. 6. Controle judicial. 7. Celso Antônio Bandeira de Mello. 8. Direito administrativo. I. Título.

CDD: 342
CDU: 342

Ficha catalográfica elaborada por Lissandra Ruas Lima – CRB/6 – 2851

Informação bibliográfica deste livro, conforme a NBR 6023:2018 da Associação Brasileira de Normas Técnicas (ABNT):

BANDEIRA DE MELLO, Celso Antônio. *Discricionariedade e controle jurisdicional*. 3. ed. Belo Horizonte: Fórum, 2025. 91 p. ISBN 978-65-5518-792-2.

SUMÁRIO

CAPÍTULO I
O "PODER" DISCRICIONÁRIO 7
I – Introdução 7
II – O dever discricionário 12
III – Aspectos discricionários do ato administrativo 13
IV – "Causas" normativas geradoras da discricionariedade 15
V – Discricionariedade e conceitos imprecisos 18
VI – Delimitação da fluidez dos conceitos imprecisos 23
VII – Discricionariedade no comando da norma: dever de adotar a melhor solução 26
VIII – Discrição na norma e discrição no caso concreto 29
IX – A natureza da discricionariedade 33
X – Finalidade da norma como baliza da discrição 36
XI – Síntese conclusiva 38
XII – Conceito de discricionariedade 39

CAPÍTULO II
DESVIO DE PODER 41
I – Introdução 41
II – A teoria do desvio de poder 47
III – Modalidades de desvio de poder 49
IV – O desvio de poder e a regra de competência 51
V – Desvio de poder alheio a qualquer finalidade pública 52
VI – Desvio de poder praticado por agente que atua com vistas a uma finalidade legal 54
VII – Exemplário de desvio de poder 56
VIII – O desvio de poder e o vício de intenção 58
IX – Desvio de poder: vício objetivo 61
X – Desvio de poder por omissão 63
XI – Desvio de poder em atos legislativos e jurisdicionais 64
XII – A prova do desvio de poder 65
XIII – Desvio de poder e mérito do ato 69

CAPÍTULO III
MOTIVO, CAUSA E MOTIVAÇÃO DO ATO ADMINISTRATIVO....71
I – Introdução 71
II – O motivo do ato administrativo 72
Motivo legal e motivo de fato 73
Motivo e móvel 73
III – O controle jurisdicional dos motivos 73
IV – Materialidade e "qualificação" dos motivos 75
V – A causa do ato 79
VI – A "razoabilidade", a "proporcionalidade", a lealdade, a boa-fé e a igualdade como critérios de avaliação da "causa" do ato 80
VII – A "motivação" do ato 83
VIII – Motivação, requisito autônomo de legitimidade? 87

REFERÊNCIAS 89

CAPÍTULO I

O "PODER" DISCRICIONÁRIO

I – Introdução; II – O dever discricionário; III – Aspectos discricionários do ato administrativo; IV – "Causas" normativas geradoras da discricionariedade; V – Discricionariedade e conceitos imprecisos; VI – Delimitação da fluidez dos conceitos imprecisos; VII – Discricionariedade no comando da norma: dever de adotar a melhor solução; VIII – Discrição na norma e discrição no caso concreto; IX – A natureza da discricionariedade; X – Finalidade da norma como baliza da discrição; XI – Síntese conclusiva; XII – Conceito de discricionariedade.

I – Introdução

1. É clássica a distinção entre atos expedidos no exercício de competência vinculada e atos praticados no desempenho de competência discricionária. Sobre este tema já se verteram rios de tinta. Haveria atuação vinculada e, portanto, um poder vinculado, quando a norma a ser cumprida já predetermina e de modo completo qual o *único* possível comportamento que o administrador estará obrigado a tomar perante casos concretos, cuja compostura esteja descrita, pela lei, em termos que não ensejam dúvida alguma quanto ao seu *objetivo* reconhecimento. Opostamente, haveria atuação discricionária quando, em decorrência do modo pelo qual a norma regulou a atuação administrativa, resulta para o administrador um campo de liberdade em cujo interior cabe interferência de uma apreciação *subjetiva* sua quanto à maneira de proceder nos casos concretos, assistindo-lhe, então, sobre eles prover na conformidade de uma intelecção irredutível à objetividade e/ou segundo critérios de conveniência e oportunidade administrativa. Diz-se que, em tais casos, a Administração dispõe de um "poder" discricionário.

Em despeito do muito que já se escreveu sobre o assunto, ainda há espaço para que muito mais se escreva, pois há tópicos importantes que precisam ser visitados ou revisitados. Daí a preocupação em tratar, nas linhas que seguem, do "poder" discricionário, o qual, infelizmente, parece ser muito mal compreendido entre nós – e não apenas na prática administrativa – em despeito de existirem trabalhos bastante valiosos de alguns administrativistas pátrios sobre o assunto.[1]

O tema será desenvolvido de um modo, talvez, um tanto insueto. Vale dizer, serão realçados alguns aspectos da discricionariedade que, parece, não ganharam trânsito corrente ou não foram suficientemente enfatizados. Para fazê-lo, entretanto, exatamente porque haverá certo distanciamento, em alguns pontos, do pensamento mais comum sobre a discricionariedade, é imperativo fixar, de início, determinadas premissas que servirão de supedâneo para o desenvolvimento das conclusões que, de outra sorte, não encontrariam arrimo.

Por isso mesmo, numa primeira parte, serão firmados alguns fundamentos jurídicos da atuação administrativa. Num segundo momento, recordar-se-ão noções, facilmente acessíveis e de bom trânsito, a respeito da discricionariedade. Por último, estando estas ideias iniciais guardadas a bom recato na sequência do raciocínio, voltar-se-á a retomá-las, já então articuladamente com novas premissas, para, ao final, propor-se umas tantas conclusões sobre a verdadeira extensão da discricionariedade.

2. Assim, deve-se, desde logo, começar por frisar que o próprio do Estado de direito, como se sabe, é encontrar-se, em quaisquer de suas feições, totalmente assujeitado aos parâmetros da legalidade. Inicialmente, submisso aos termos constitucionais, em seguida, aos próprios termos propostos pelas leis, e, por último, adstrito à consonância com os atos normativos inferiores, de qualquer espécie, expedidos pelo Poder Público. Deste esquema, obviamente, não poderá fugir agente estatal algum, esteja ou não no exercício de "poder" discricionário.

---

[1] Para citar um dentre os autores que, com grande proficiência, há mais tempo se debruçaram especificamente sobre o assunto, mencione-se e com grande realce o eminente Caio Tácito, tanto em seu *Direito administrativo* (São Paulo: Saraiva, 1975), quanto em preciosos artigos e comentários publicados na *Revista de Direito Administrativo*. O mesmo caberia dizer em relação a Vitor Nunes Leal. Duas monografias de excelente qualidade vieram a lume recentemente. Uma, em 1989, de autoria do ilustre prof. Diogo Figueiredo Moreira Neto, da qual saiu uma segunda edição atualizada em 1991, titulada *Legitimidade e discricionariedade* (Forense) e outra, da lavra da não menos ilustre professora Maria Sylvia Zanella Di Pietro, a saber: *Discricionariedade administrativa na Constituição de 1988* (Atlas, 1991).

A grande novidade do Estado de direito certamente terá sido subjugar totalmente a ação do Estado a um quadro normativo, o qual se faz, assim, impositivo para todos – Estado e indivíduos. Se fossem buscadas as raízes produtoras da feição própria do Estado de direito, poder-se-ia encontrar a seguinte matriz: o Estado de direito é resultante da confluência de duas vertentes de pensamento: o pensamento de Montesquieu e o pensamento de Rousseau.[2]

3. Com efeito, o pensamento de Jean Jacques Rousseau, que em sua última e derradeira instância se apoia na ideia da igualdade, sustenta a soberania popular. Sendo todos os homens iguais, todo o poder a eles pertenceria. O Estado receberia parcelas de poder deferidas pelos vários indivíduos. De sorte que a origem, a justificação do poder, não mais residiria em algum direito divino, ou na simples positividade derivada da força, mas, pelo contrário, seria uma resultante direta da vontade consonante dos vários indivíduos que compõem o todo social. É a ideia da soberania popular, é a ideia de democracia.[3]

De outro lado, o pensamento do barão de Montesquieu, acima de tudo pragmático, fundava-se na observação de um fato, por ele afirmado como uma constante indesmentida e cuja procedência realmente não admite contestação, isto é: todo aquele que tem poder, tende a abusar dele. Para evitar que os governos se transformem em tiranias, cumpre que o poder detenha o poder, porque o poder vai até onde encontra limites. Daí, sua clássica formulação de que, para contê-lo, é necessário que aquele que faz as leis nem julgue nem execute, que aquele que executa nem julgue nem faça as leis, e que aquele que julga nem faça as leis nem as execute.[4]

A confluência dessas duas ordens de pensamento (de Rousseau e de Montesquieu), dessas duas concepções políticas, haveria de se

---

[2] Disse Afonso Rodrigues Queiró: "Aquilo que o Estado de Direito é forçosamente, é Montesquieu e Rousseau, talvez mais Rousseau que Montesquieu" (QUEIRÓ, Afonso Rodrigues. *Reflexões sobre a teoria do desvio de poder*. Coimbra: Coimbra Editora, 1940. p. 8).

[3] ROUSSEAU, Jean Jacques *El contrato social*. Tradução espanhola. Barcelona: Editorial Maucci, [s.d.]. Especialmente capítulos I e II.

[4] MONTESQUIEU, Charles de. *De l'esprit des lois*. Paris: Garnier Frères, Libraires Editeurs, 1869. p. 142-143, com notas de Voltaire, de Crevier, de Mably, de La Harpe etc. Vale a pena reproduzir literalmente as seguintes passagens: "[...] mais, c'ést une expérience eternelle, que tout homme qui a du pouvoir est porté a en abuser; il va jusqu'à ce qu'il trouve des limites. Qui le diroit ! La vertu même a besoin de limites". E, pouco além, depois de referir a separação de poderes: "Tout seroit perdu si le même homme ou le même corps des principaux, ou des nobles, ou du peuple, exerçoient ces trois pouvoirs: celui de faire des lois, celui d'exécuter les résolutions publiques, et celui de juger les crimes ou les différends des particuliers".

juridicizar em um modelo, que é o conhecido como Estado de direito. Nele, por força do fato de que todo poder emana do povo – e o Texto Constitucional brasileiro o afirma no art. 1º, §1º ("Todo, poder emana do povo, que o exerce por meio de representantes eleitos ou diretamente, nos termos desta Constituição") – e por força da tripartição do exercício do poder (art. 2º), as atividades estatais, maiormente as administrativas, nada mais são do que o cumprimento dessa vontade geral fixada, em primeiro plano, no Texto Constitucional, e, de seguida, na lei.

4. Isto permite dizer, sem nenhum receio de equívoco, que a atividade administrativa é fundamental e essencialmente uma atividade sublegal, infralegal. Autoriza também a dizer, diante do sistema constitucional brasileiro, que a relação que medeia entre o administrado e a lei é menos cingida do que a relação que medeia entre a Administração e a lei. Em outros termos: a atividade administrativa é uma atividade muito mais assujeitada a um quadro normativo constritor do que a atividade dos particulares. Esta ideia costuma ser sinteticamente expressada por meio das seguintes averbações: enquanto o particular pode fazer tudo aquilo que não lhe é proibido, estando em vigor, portanto, o princípio geral de liberdade, a Administração só pode fazer o que lhe é permitido. Logo, a relação existente entre um indivíduo e a lei é meramente uma relação de não contradição, enquanto que a relação existente entre a Administração e a lei é não apenas uma relação de não contradição, mas *é também uma relação de subsunção*.

5. Estes termos ou essas premissas iniciais deixam evidenciado que no Estado de direito e no modelo constitucional brasileiro – de que expressamente se estatui, no art. 5º, II, que: "ninguém será obrigado a fazer ou deixar de fazer alguma coisa senão em virtude de lei" – todo desempenho administrativo (e assim também o chamado "poder" discricionário) só pode existir como um poder "intralegal" e estritamente dependente da lei, estritamente subordinado à lei. Por isto – já se vê – o "poder" discricionário *jamais poderia resultar da ausência de lei que dispusesse sobre dado assunto*, mas tão somente poder irromper como fruto de um certo modo pelo qual a lei o haja regulado, porquanto não se admite atuação administrativa que não esteja previamente autorizada em lei. Comportamento administrativo que careça de tal supedâneo (ou que contrarie a lei existente) seria pura e simplesmente arbítrio, isto é, abuso intolerável, pois discricionariedade e arbitrariedade são noções radicalmente distintas.

6. A ordenação normativa propõe uma série de finalidades a serem alcançadas, as quais se apresentam, para quaisquer agentes

estatais, como obrigatórias. A busca destas finalidades tem o caráter de *dever* (antes do que "poder"), caracterizando uma *função*, em sentido jurídico.

Em direito, esta voz-função quer designar um tipo de situação jurídica em que existe, previamente assinalada por um comando normativo, uma finalidade a cumprir e que *deve ser* obrigatoriamente atendida por alguém, mas no *interesse de outrem*, sendo que este sujeito – o obrigado –, *para desincumbir-se de tal dever*, necessita manejar poderes indispensáveis à satisfação do *interesse alheio* que está a seu cargo prover. Daí uma distinção clara entre a função e a faculdade ou o direito que alguém exercita em seu prol. Na função o sujeito exercita um poder, porém o faz em proveito alheio, e o exercita não porque acaso queira ou não queira. Exercita-o porque é um *dever*.[5] Então, pode-se perceber que o eixo metodológico do direito público *não gira em torno da ideia de poder, mas gira em torno da ideia de dever*.

Função existe em direito, tanto na esfera do direito privado, quanto na província do direito público; *só que domina totalmente a seara do direito público*, e aparece eventualmente no campo do direito privado.

Veja-se: tem-se função, em direito privado, na tutela, na curatela, no pátrio poder. Na tutela, o tutor tem o dever de bem curar certos interesses jurídicos que são do tutelado; na curatela, o curador igualmente tem o dever de atender a certos interesses jurídicos prefigurados normativamente para o curatelado; no pátrio poder, igualmente, o pai tem o dever jurídico de atender aos interesses do filho. Em outras palavras, nem a tutela nem a curatela, nem o pátrio poder, são instituídos em proveito do tutor, do curador ou do pai; mas instituídos em favor do tutelado, do curatelado, e do filho. Não acudiria a nenhum privatista construir a teoria da tutela, a teoria da curatela ou do pátrio poder, nem lhe acudiria, jamais, interpretar as normas jurídicas atinentes a estes institutos, em derredor das ideias do poder do pai, do tutor ou do curador, mas antes, em função do interesse sinalado pela lei em favor do tutelado, do curatelado e do filho. Logo, no fundo, usando ou não essa expressão, é a ideia de *dever*, de sujeição a cumprir uma certa finalidade, que articula esses institutos jurídicos no direito privado e é nesta conformidade que são tratados habitualmente pelos estudiosos. De todo modo, sobre função melhor se falará no capítulo seguinte.

---

[5] Para o conceito de função *vide* FALZONE, Guido. *Il dovere di buona amministrazione*. Milão: Giuffrè, 1953. Parte I, Cap. I.

II – O dever discricionário

7. Na ciência do direito administrativo, erradamente e até de modo paradoxal, quer-se articular os institutos do direito administrativo – inobstante ramo do direito público – em torno da ideia de poder, quando o correto seria articulá-los em torno da ideia de *dever*, de finalidade a ser cumprida. Em face da finalidade, alguém – a Administração Pública – está posto numa situação que os italianos chamam de *doverosità*, isto é, sujeição a esse dever de atingir a finalidade. Como não há outro meio para se atingir esta finalidade, para obter-se o cumprimento deste dever, senão irrogar a alguém certo poder *instrumental*, ancilar ao cumprimento do dever, surge o poder, como *mera decorrência, como mero instrumento impostergável para que se cumpra o dever*. Mas é o dever que comanda toda a lógica do direito público. Assim, o dever assinalado pela lei, a finalidade nela estampada, propõem-se, para qualquer agente público, como um ímã, como uma força atrativa inexorável do ponto de vista jurídico.

8. Tomando-se consciência deste fato, deste caráter funcional da atividade administrativa (por isto se diz "função administrativa"), desta necessária submissão da administração à lei, percebe-se que o chamado "poder discricionário" tem que ser simplesmente o cumprimento do *dever de alcançar a finalidade legal*. Só assim poderá ser corretamente *entendido e dimensionado*, compreendendo-se, então, que o que há é um *dever discricionário*, antes que um "poder" discricionário.[6] Uma vez assentido que os chamados poderes são meros veículos instrumentais para propiciar ao obrigado cumprir o seu dever, ter-se-á da discricionariedade, provavelmente, uma visão totalmente distinta daquela que habitualmente se tem.

Sabe-se que a ideia corrente da discricionariedade, entretanto, enfatiza a noção de "poder". Enfatiza, de conseguinte, a presunção de que o agente público, quando a lei lhe outorga aquilo que se denomina discricionariedade, dispõe de um poder para fazer escolhas livres, na suposição de que, dentre as alternativas comportadas pela norma *em abstrato*, quaisquer delas são de indiferente aplicação no caso concreto. É esta a ideia que normalmente se tem de discricionariedade.

---

[6] Para Giuseppe Fazzio, "a emanação de um ato discricionário comporta o exercício de um dever tendo por conteúdo um poder" (*Sindicabilità e motivazione degli atti amministrativi discrezionali*. Milão: Giuffrè, 1971. p. 16).

Pretende-se, justamente, demonstrar que não é assim e que é preciso *refazer a noção mais corrente de discricionariedade, para adequá-la ao próprio direito positivo.*

Ficam dessarte estabelecidas as premissas iniciais e completada a parte que, conforme dantes se indicou, conviria assentar vestibularmente. Cumpre, agora, recordar algumas noções comuns sobre a discricionariedade.

III – Aspectos discricionários do ato administrativo

9. Dado que a Administração só pode cumprir a lei, e que esta é sua razão de ser, convém indagar como se articula esta obrigação de cumprir estritamente a lei com a existência de uma certa *margem de liberdade* reconhecida ao administrador no seu cumprimento, sempre que exista discrição administrativa.

A lei, ao regular as várias possíveis situações a ocorrerem no mundo real, pode disciplinar a conduta do agente público estabelecendo de antemão e em *termos estritamente objetivos, aferíveis objetivamente, quais as situações de fato* que ensejarão o exercício de uma dada conduta e determinando, em seguida, de modo completo, *qual o comportamento único* que, perante aquela situação de fato, tem que ser obrigatoriamente tomado pelo agente. Neste caso, diz-se que existe vinculação, porque foi pré-traçada pela regra de direito a situação de fato, e o foi em termos de incontendível objetividade, prescrevendo-se, ainda, o dever de adotar perante ela um comportamento já estabelecido de antemão.

É raro, entretanto, que a norma de direito estabeleça com este rigor, com esta capilar precisão, qual a situação de fato objetivamente identificável e qual a conduta única, integralmente regulada e obrigatoriamente adotável perante aquela situação de fato.

Assim, casos há, embora excepcionais, em que a regra de direito *se omite em mencionar a situação de fato.* O normal, sem dúvida, é que a lei a refira, entretanto, ao fazê-lo, frequentemente, descreve-a mediante expressões que recobrem *conceitos algo fluidos*, algo imprecisos, também chamados de vagos ou indeterminados ou elásticos, como "situação urgente", "notável saber", "estado de pobreza", "ordem pública" (portanto, suscetíveis de interpretações ou intelecções variadas) ou, então, ainda quando a descreve em termos estritamente objetivos, defere, no comando da norma, certa margem de liberdade ao administrador. Esta relativa liberdade, ora enseja-lhe *praticar ou não praticar o ato* diante daquela situação (que é o que se passa quando a lei diz "pode", em vez de "deve"), ora outorga-lhe competência para ajuizar sobre o *momento adequado* para fazê-lo, ora permite-lhe uma *opção quanto à forma* que revestirá o ato, ora finalmente, autoriza-o a decidir sobre a providência a ser tomada, entre pelo menos duas alternativas abertas pela norma aplicanda. Esta última hipótese tem lugar quando o administrador pode deferir ou indeferir algo, praticar o ato tal ou qual.

Nestes casos, diz-se que há discricionariedade, porque cabe interferência de um *juízo subjetivo do administrador* no que atina, isolada ou cumulativamente:

(a) à determinação ou reconhecimento – dentro de certos limites mais além referidos – da situação fática ou

(b) no que concerne a não agir ou agir ou

(c) no que atina à escolha da ocasião asada para fazê-lo ou

(d) no que diz com a forma jurídica por meio da qual veicular o ato ou

(e) no que respeita à eleição da medida considerada idônea perante aquela situação fática, para satisfazer a finalidade legal.

Ressalve-se, entretanto, que para parte significativa da doutrina – da qual discordamos esforçados em razões adiante mencionadas (itens 15 a 20) – a existência de conceitos fluidos ou imprecisos de modo algum autorizaria concluir pela existência de uma esfera de discricionariedade, relativa, embora, na intelecção do conteúdo deles em face da *situação concreta*.[7]

10. Este panorama exposto compõe, ao nosso ver, o quadro descritivo das variantes da discricionariedade, embora seja mais comum falar-se em "ato discricionário" para referir as situações em que o pressuposto para a prática do ato está indicado mediante conceitos vagos ou para mencionar aquelas em que o agente dispõe da possibilidade de agir ou não agir ou, então, e sobretudo, para mencionar os casos em que pode eleger entre diferentes providências (as quais são, deveras, as hipóteses mais relevantes), ficando em relativa sombra as situações em que o agente pode apenas eleger o momento para praticá-lo ou a forma pela qual o expedir.

---

[7] Para este setor doutrinário, capitaneado pela moderna doutrina alemã, do que dá notícia e avaliza o eminente Eduardo García de Enterría, a imprecisão do conceito só existiria em abstrato, nunca, porém, diante da situação *in concreto*, à vista da qual só caberia uma intelecção. No dizer deste mestre, aí ou existir a situação referida no conceito normativo ou não existir: "Tertium non datur", diz ele. Cf. GARCÍA DE ENTERRÍA, Eduardo; FERNÁNDEZ, Tomás-Ramón. *Curso de derecho administrativo*. 4. ed. Madrid: Civitas, 1983. t. 1. p. 433-434.

Aliás, cabe aqui observar que, embora seja comum falar-se em "ato discricionário", a expressão deve ser recebida apenas como uma maneira elíptica de dizer "ato praticado no exercício de apreciação discricionária em relação a algum ou alguns dos aspectos que o condicionam ou que o compõem". Com efeito, o que é discricionária é a competência do agente quanto ao aspecto ou aspectos tais ou quais, conforme se viu. O ato será apenas o "produto" do exercício dela. Então, a discrição não está no ato, não é uma qualidade dele; logo, não é ele que é discricionário, embora seja nele (ou em sua omissão) que ela haverá de se revelar.

IV – "Causas" normativas geradoras da discricionariedade

11. As considerações precedentes autorizam-nos a afirmar que a discricionariedade pode decorrer:

(I) *da hipótese da norma*, isto é, do modo impreciso com que a lei haja descrito a situação fática (motivo), isto é, o acontecimento do mundo empírico que fará deflagrar o comando da norma, ou da omissão em descrevê-lo. Pode também derivar

(II) *do comando da norma*, quando nele se houver aberto, para o agente público, alternativas de conduta, seja (a) quanto a expedir ou não expedir o ato, seja (b) por caber-lhe apreciar a oportunidade adequada para tanto, seja (c) por lhe conferir liberdade quanto à forma jurídica que revestirá o ato, seja (d) por lhe haver sido atribuída competência para resolver sobre qual é a medida mais satisfatória perante as circunstâncias.[8]

Acrescentaria, finalmente, em descompasso com a doutrina esmagadoramente predominante, que a discrição pode resultar ainda

(III) *da finalidade da norma*. É que a finalidade aponta para valores, e as palavras (que nada mais são além de rótulos que recobrem as realidades pensadas, ou seja, vozes designativas de conceitos) ao se reportarem a um conceito de valor, como ocorre na finalidade, estão se reportando a conceitos

---

[8] Oswaldo Aranha Bandeira de Mello expõe que a discricionariedade pode se manifestar em relação à emanação do ato, em relação ao conteúdo ou em relação à forma, daí dizer que os atos serão, respectivamente, obrigatórios ou facultativos, regrados ou livres e de forma necessária ou contingente (BANDEIRA DE MELLO, Oswaldo Aranha. *Princípios gerais de direito administrativo*. 2. ed. Rio de Janeiro: Forense, 1979. v. I. p. 472).

plurissignificativos (isto é, conceitos vagos, imprecisos, também chamados de fluidos ou indeterminados) e não unissignificativos.

Veja-se, *exempli gratia*, que os valores "segurança pública", "moralidade pública", "higiene pública", "salubridade pública", ou simplesmente "interesse público" comportam, realmente, intelecções não necessariamente uniformes, pois, como as realidades para as quais apontam *são suscetíveis de existir em graus e medidas variáveis,*[9] ensancham opiniões divergentes sobre o fato de haverem ou não chegado a se configurar.

12. Assim – repita-se – a discrição administrativa pode residir na hipótese da norma, no caso da ausência de indicação explícita do pressuposto de fato, ou no caso de o pressuposto de fato ter sido descrito por meio de palavras que recobrem conceitos vagos, fluidos ou imprecisos. Pode residir no comando da norma, quando nele se inculca ao administrador certa margem de liberdade para decidir-se se pratica ou se não pratica dado ato e em que momento o faz ou mediante que forma jurídica o revestirá ou, ainda, que ato pratica diante daquelas situações fáticas. Finalmente, pode residir na finalidade da norma, pois, como ela serve de diretriz para a intelecção dos demais elementos da estrutura lógica da norma, se a finalidade é um valor – como deveras o é – e se os valores não são unissignificativos, a fluidez da finalidade reflui sobre o pressuposto de fato. Um exemplo permitirá fazer reportar com nitidez esta última ideia, ensejando que possa surdir com clareza.

Se a lei disser, figure-se, que deverão ser expulsas da praia, a bem da moralidade pública, as pessoas que estejam trajando vestes de banho indecorosas, o pressuposto deste comando (hipótese da norma), impositivo da obrigação de expulsar, seria estar trajando uma veste pouco decorosa. Este seria o pressuposto de fato: a veste ser pouco decorosa. A finalidade seria a defesa da moralidade pública. Dir-se-á: o pressuposto é fluido, porque a noção de veste pouco decorosa, sobre variável no tempo e no espaço, mesmo num dado tempo e espaço, pode ensanchar algumas dúvidas. Mas, em rigor, se bem se atentar para a questão, perceber-se-á que a falta de precisão do conceito de pouco decoro no traje não está residente no pressuposto de fato, em si mesmo considerado. Está residente na finalidade da norma que fala em moralidade pública, pois, *dependendo da noção que se tenha de*

---

[9] ALESSI, Renato. *Sistema istituzionale del diritto amministrativo italiano*. 3. ed. Milão: Giuffrè, 1960. p. 201-202.

moralidade pública, determinado traje será pouco decoroso ou será decoroso. Logo, o pressuposto de fato ganha fluidez não porque a tenha em si mesmo, mas em decorrência da finalidade da norma estar manejando conceitos de valor que, eles sim, são altanto vagos, altanto imprecisos.

13. Anote-se, de passagem, que a imprecisão, fluidez, indeterminação, a que se tem aludido residem *no próprio conceito e não na palavra que os rotula*. Há quem haja, surpreendentemente, afirmado que a imprecisão é da palavra e não do conceito, pretendendo que este é sempre certo, determinado. Pelo contrário, as palavras que os recobrem designam *com absoluta precisão* algo que é, em si mesmo, um objeto mentado cujos confins são imprecisos.

Se a palavra fosse imprecisa – e não o conceito –, bastaria substituí-la por outra ou cunhar uma nova para que desaparecesse a fluidez do que se *quis comunicar*. Não há palavra alguma (existente ou inventável) que possa conferir precisão às mesmas noções que estão abrigadas sob as vozes "urgente", "interesse público", "pobreza", "velhice", "relevante", "gravidade", "calvície" e quaisquer outras do gênero. A precisão acaso aportável implicaria alteração do próprio conceito originalmente veiculado. O que poderia ser feito, evidentemente, seria a substituição de um conceito impreciso por um *outro conceito* – já agora preciso, portanto, um *novo* conceito – o qual, como é claro, se expressaria por meio da palavra ou das palavras que lhes servem de signo.

14. Registre-se, por fim, que embora se deva considerar que as *causas determinantes* da discrição irão residir num dos três mencionados fatores (hipótese, mandamento ou finalidade da norma), não é neles que a discrição se expressa. *A discrição administrativa vai se expressar em um único elemento que é o conteúdo do ato*, porque é na ocasião em que se pratica o ato, elegendo o ato tal ou o ato qual, uma vez decidido o instante de praticá-lo (quando há discrição também quanto a isto), é na providência adotada que realmente se traduz a discrição. Por força da imprecisão do pressuposto, por força da liberdade no comando ou por força da imprecisão da finalidade – não importa –, a discrição vai se expressar exatamente naquele ato que foi praticado. Vai se traduzir, portanto, em última instância, no *conteúdo do ato* (habitualmente chamado de objeto, em linguagem menos exata, como observou Zanobini),[10] salvo nos casos em que a Administração tem a possibilidade

---

[10] ZANOBINI, Guido. *Corso di diritto amministrativo*. 3. ed. Padova: Cedam, [s.d.]. v. I. p. 293.

jurídica de deixar de praticar o ato. *Quando a lei lhe faculta agir ou não, se se omitir em praticar o ato, a discrição vai se traduzir nesta omissão.*

Estas ideias, ainda que possam sofrer questionamento sobre alguns aspectos, como dito, não apresentam dificuldades de grande monta para sua apreensão e aplicação.

V – Discricionariedade e conceitos imprecisos

15. A moderna doutrina alemã, conforme refere Eduardo García de Enterría, sustenta que os conceitos indeterminados ou fluidos só apresentam tal característica considerados em abstrato; não, porém, diante dos casos concretos, isto é, por ocasião de sua aplicação. À vista das situações do mundo real, ganhariam consistência e univocidade, de tal sorte que, perante os casos concretos, sempre se poderia reconhecer se uma dada situação é ou não "urgente"; se o interesse posto em causa é ou não "relevante", se existe ou não um perigo "grave" e assim por diante. Pretendem que a questão suscitada por tais conceitos é meramente uma questão de "interpretação", definível, como qualquer outra, pelo Poder Judiciário e não uma questão de discricionariedade, a qual supõe certa margem de liberdade decisória para o administrador.

Em despeito de fatores que concorrem para delimitar o âmbito de intelecção dos conceitos imprecisos – e que serão adiante encarecidamente referidos e sublinhados –, seria excessivo considerar que as expressões legais que os designam, ao serem confrontadas com o *caso concreto*, ganham, *em todo e qualquer caso*, densidade suficiente para autorizar a conclusão de que se dissipam por inteiro as dúvidas sobre a aplicabilidade ou não do conceito por elas recoberto. *Algumas vezes isto ocorrerá. Outras não.* Em inúmeras situações, mais de uma intelecção seria razoavelmente admissível, não se podendo afirmar, com vezos de senhoria da verdade, que um entendimento divergente do que se tenha será necessariamente errado, isto é, *objetivamente reputável como incorreto.*

Noções como "pobreza", "velhice", "notável saber", "boa ou má reputação", "urgência", "tranquilidade pública" – como quaisquer outras *suscetíveis de existir em graus e medidas variáveis* – ensejarão, em certos casos, objetiva certeza de que, *in concreto,* foram bem ou mal reconhecidas. Isto, *em alguns casos, não, porém, em todos.* É dizer: em dadas situações, nas paradigmáticas ou típicas, poder-se-á dizer, em nome de uma verdade objetivamente convinhável, que alguém induvidosamente é pobre ou que é velho ou então que não o é (e assim por diante no exemplário referido), porém, em outras tantas, mesmo recorrendo-se a todos os meios mais além aduzidos para delimitar o âmbito de uma expressão vaga, ter-se-á de reconhecer que não se poderia rechaçar como necessariamente falsa nenhuma dentre duas opiniões conflitantes sobre o mesmo tópico.

16. Em suma: muitas vezes – exatamente porque o conceito é fluido – é impossível contestar a possibilidade de conviverem intelecções diferentes, sem que, por isto, uma delas tenha de ser havida como incorreta, desde que quaisquer delas sejam igualmente razoáveis. Já observou Bernatzik, colacionado por Afonso Rodrigues Queiró, que existe *um limite além do qual nunca terceiros podem verificar a exatidão ou inexatidão da conclusão atingida. Pode dar-se que terceiros sejam de outra opinião, mas não podem pretender que só eles estejam na verdade, e que os outros tenham uma opinião falsa.*[11]

Eis porque não é aceitável a tese de que o tema dos conceitos legais fluidos é estranho ao tema da discricionariedade.

Com efeito, se em determinada situação real o administrador reputar, em entendimento razoável (isto é, comportado pela situação, ainda que outra opinião divergente fosse igualmente sustentável), que se lhe aplica o conceito normativo vago e agir nesta conformidade, *não se pode dizer que violou a lei*, que transgrediu o direito. E se não violou a lei, se não lhe traiu a finalidade, é claro que terá procedido na conformidade do direito. Em assim sendo, evidentemente terá procedido *dentro de uma liberdade intelectiva que, in concreto, o direito lhe facultava*. Logo, não haveria título jurídico para que qualquer controlador de legitimidade, ainda que fosse o Judiciário, lhe corrigisse a conduta, pois a este incumbe reparar *violações de direito* e não procedimentos que lhe sejam conformes.

Induvidosamente, havendo litígio sobre a correta subsunção do caso concreto a um suposto legal descrito mediante conceito indeterminado, caberá ao Judiciário conferir se a Administração, ao aplicar a regra, *se manteve no campo significativo de sua aplicação ou se o desconheceu*. Verificado, entretanto, que a Administração se firmou em uma intelecção perfeitamente cabível, ou seja, comportada pelo conceito ante o caso concreto – *ainda que outra também pudesse sê-lo* – desassistir ao Judiciário assumir está outra, substituindo o juízo administrativo pelo seu próprio. É que aí haveria um contraste de intelecções, igualmente possíveis. Ora, *se a intelecção administrativa não contrariava o direito* – este

---

[11] Bernatizk *apud* QUEIRÓ, Afonso Rodrigues. *Reflexões sobre a teoria do desvio de poder*. Coimbra: Coimbra Editora, 1940. p. 31.

é o pressuposto do tópico *sub examine* – faleceria título jurídico ao órgão controlador de legitimidade para rever o ato, conforme dantes se disse.

17. Seria equivocado supor que não se propõe questão de discricionariedade ante o tema dos conceitos vagos, *sub color* de que apreender-lhes o sentido é operação mental puramente *interpretativa* da lei, logo, ato da alçada do Judiciário, por ser mera *intelecção* da lei, algo, pois, absolutamente distinto do ato de *volição* (único que traduziria discricionariedade) consistente em fazer uma *opção administrativa de mérito, segundo critérios de conveniência e oportunidade*, por um dentre dois ou mais comportamentos igualmente ensejados pela norma aplicanda. As premissas componentes do raciocínio certamente são verdadeiras, mas não postulam a conclusão extraída.

Deveras, a apreensão do significado dos conceitos imprecisos é, sem dúvida, um ato de intelecção e ao Judiciário assiste praticá-lo para interpretar a lei. As decisões de mérito são, induvidosamente, atos volitivos, decididos segundo critérios de conveniência e oportunidade, que traduzem opção por um dentre dois ou mais comportamentos comportados pela norma a ser aplicada. Daí não se segue, entretanto, que só nesta segunda hipótese esteja a Administração a exercer atividade discricionária.

Com efeito, a circunstância de que um ato de intelecção e um ato de volição sejam realidades logicamente distintas – como, deveras, o são – não implica que necessariamente tenham, *em face do direito*, ressonâncias diversas. *In casu*, não o têm. Fácil é demonstrá-lo.

18. Deveras, qual o préstimo jurídico, ou seja, para que serve a noção de discricionariedade, senão para referir as situações em que a Administração desfruta de uma *certa liberdade*, por força da qual o Judiciário não pode ir *além de certos limites*, tendo de reconhecer que no interior deles a atuação administrativa é incensurável e que *inexiste direito subjetivo* de terceiro oponível procedentemente contra o comportamento administrativo adotado? A serventia jurídica, a utilidade, da noção de discricionariedade é única e exclusivamente a de rotular situações deste tipo. Ora, se tal "liberdade administrativa" e consequentes "limites" à correção judicial, tanto como "ausência de direito de terceiro" ante a Administração, resultam quer do uso legal de conceitos vagos, quer da possibilidade de opções de mérito ensejadas pela lei, quer da concorrência destes fatores, está-se a ver que a *ressonância jurídica de ambos* (conceitos indeterminados e opções de mérito legalmente previstas) é *perfeitamente igual na esfera do direito*.

Vale dizer, tais operações mentais, intelectivas ou volitivas, repercutem indiferentemente para a composição dos *mesmos efeitos jurídicos* que integram o que se entende por discricionariedade. Pouco importa se a liberdade que a lei proporciona para a Administração é uma "liberdade intelectiva" ou uma "liberdade volitiva", porquanto, em razão de uma ou de outra, os *efeitos de direito serão idênticos*. Por que, então, considerar que são realidades jurídicas distintas, se o "fenômeno" jurídico é o mesmo?

De nada serve designar por nomes diferentes situações cuja *caracterização jurídica é igual*, ainda que correspondam a realidades lógicas ou substanciais distintas, assim como de nada serviria designar por nomes jurídicos iguais situações que fossem diferentes perante o direito, ainda que se parificassem sob prisma extrajurídico.[12] É que,

---

[12] Com efeito, situação inversa da cogitada, isto é, caso em que se está perante situações substancialmente iguais, mas que do ponto de vista jurídico são radicalmente distintas, tem-se em inúmeras decisões jurisdicionais, nas quais o juiz, para pronunciar-se, executa operações mentais em tudo e por tudo substancialmente iguais às que o administrador realiza quando no exercício de discrição, sem que, todavia, o pronunciamento jurisdicional possa – pena de erro gravíssimo – ser qualificado como discricionário. Deveras, para proferir uma sentença, o magistrado necessita sopesar fatos, avaliar se, e em que medida, se encaixam na regra de direito que "estimar" ser a própria para regência da espécie, sempre que se controverta também sobre a norma efetivamente pertinente ou sobre a extensão de seu alcance. O juízo lógico que tem de emitir sobre estes pontos é idêntico ao do administrador em um caso de discrição. Inúmeras vezes mais de uma intelecção ser razoavelmente comportada e o juiz ter que avaliar qual delas, a seu critério, responde mais satisfatoriamente à finalidade abrigada na lei ou no sistema jurídico encarado como um todo. Tal situação é particularmente notada no que concerne às medidas cautelares em geral e sobretudo na decisão de conferir ou denegar liminar. É por isto que cabe mandado de segurança, uma vez preenchidos seus normais pressupostos, contra concessão ou denegação de liminar em mandado de segurança. Em quaisquer dos casos referidos seria juridicamente incorreto falar-se em discrição do magistrado. É que, do ponto de vista do direito, são situações radicalmente distintas da discricionariedade. O específico da função jurisdicional é consistir na dicção do direito no caso concreto. A pronúncia do juiz é a própria voz da lei *in concreto*. Esta é sua qualificação de direito. Logo, suas decisões não são convenientes ou oportunas, não são as melhores ou as piores em face da lei. Elas são pura e simplesmente o que a lei, naquele caso, determina que seja. Por isto, ao juiz jamais caberia dizer que tanto cabia uma solução quanto outra (que é o característico da discrição), mas que a decisão tomada é a que o direito impõe naquele caso. Por isto, um Tribunal, quando reforma uma sentença, não o faz, nem poderia fazê-lo, *sub color* de que a decisão revisanda poderia ter sido aquela, mas que a ele parece preferível outra mais conveniente aos interesses em disputa. A reforma da sentença estará sempre fundada em que o que nela se decidiu estava errado perante o direito, o qual exigia outra solução para a questão vertente, pois o título competencial do magistrado é o de dizer o que o direito quer em um dado caso controvertido submetido a seu pronunciamento. *Juris dictio* significa dicção do direito. Estas noções, que aqui não cabem ampliar além do que se disse, desenvolvemo-las em artigo intitulado "Mandado de segurança contra denegação ou concessão de liminar" (*RDP*, v. 92. p. 55 e seguintes). Veja-se também o interessantíssimo trabalho de PINTO, Tereza Celina de Arruda Alvim. Limites à chamada "discricionariedade judicial". *RDP*, v. 96. p. 156 e segs.

como admiravelmente disse Giovani Miele, a realidade jurídica se determina segundo seus próprios parâmetros, pois,

> nada existe para o ordenamento jurídico se não existe nele e por ele, e toda figura, instituto ou relação com que nos encontramos, percorrendo as suas várias manifestações, tem uma realidade própria que não é menos real que qualquer outro produto do espírito humano em outros campos e direções. A realidade do ordenamento jurídico não tem outro termo de confronto senão ele mesmo: donde ser imprópria a comparação com outra realidade, com o fito de verificar se, porventura, as manifestações do primeiro conferem com aquela ou se se afastam das manifestações do mundo natural, histórico ou metafísico.[13]

19. Ressalte-se, afinal, sublinhadamente, que o Judiciário tanto *interpreta* a lei – para corrigir atos que desbordem das possibilidades abertas pela moldura normativa – nos casos em que verifica se os *conceitos vagos* ou imprecisos foram apreendidos pela Administração dentro da significação contextual que comportavam, como quando, para os mesmos fins, verifica se *a opção de conveniência e oportunidade* se fez sem desvio de poder, isto é, obsequiosa às finalidades da lei. Não há diferença entre uma e outra situação no que concerne à correção judicial cabível. Em ambos os casos o Judiciário pratica, desde logo, o ato de *intelecção* da lei, interpretando-a e confrontando-a com o caso concreto, para aferir se foi bem ou mal aplicada. Nenhuma diferença existe entre estas análises e em ambas a extensão da investigação judicial é a mesma. Assim, tanto em uma como em outra, se for o caso, ter de concluir que o ato administrativo não é passível de censura porque a Administração atuou dentro de esfera legítima, isto é, *dentro do campo de liberdade (intelectiva ou volitiva) que a lei lhe proporcionava*, seja porque não excedeu a esfera de intelecção razoável de um conceito fluido, seja porque não se excedeu ao decidir que tal ou qual comportamento era o mais conveniente e oportuno, por ter se mantido dentro dos limites da razoabilidade. Assim, também nisto se confirma a total parificação jurídica das situações.

20. Do que se expôs neste tópico resulta que a noção de discricionariedade *não se adscreve apenas ao campo das opções administrativas efetuadas com base em critérios de conveniência e oportunidade – tema concernente ao mérito do ato administrativo*. Certamente o compreende,

---

[13] MIELE, Giovanni. *Principi di diritto amministrativo*. 2. ed. Padova: Cedam, 1960. v. I. p. 81.

mas não se cinge a ele, pois também envolve o tema da intelecção dos conceitos vagos. Resulta, pois, que são incorretos – por insuficientes – os conceitos de discricionariedade que a caracterizam unicamente em função do tema do "mérito" do ato administrativo, isto é, da "conveniência ou oportunidade do ato".

É certo, entretanto, que as próprias opções fundadas em conveniência e oportunidade se entrelaçam de tal modo com a questão dos conceitos indeterminados residentes no pressuposto legal que *não podem ser dela desprendidas*, na medida em que, para resolver-se se um dado ato é suscetível de qualificar-se, *de direito*, como *conveniente* ou *oportuno*, tenha-se de *resolver previamente sobre a aplicabilidade ou não do conceito impreciso mencionado pela lei em sua hipótese ou em sua finalidade*. Com efeito, não se poderá, por exemplo, reputar juridicamente conveniente ou oportuno adotar certa providência que a lei *faculte* produzir em caso de "urgência" ou perante situações de "risco para a tranquilidade pública", sem antes solucionar a questão de saber-se se o caso vertente realmente se enquadra no conceito fluido designado pela palavra "urgência" ou pela expressão "risco para a tranquilidade pública" e se em quaisquer destes casos a providência se justifica em face da *finalidade* da regra habilitante (bem jurídico também qualificado por conceitos vagos).

VI – Delimitação da fluidez dos conceitos imprecisos

21. Encareça-se sublinhadamente, entretanto, e desde logo, que a circunstância de se reconhecer discrição radicada na hipótese ou na finalidade da norma (em razão de conceitos fluidos) de modo algum significa alargar em demasia o campo de liberdade do administrador. Com efeito, em primeiro lugar, tem-se que aceitar logicamente, por uma irrefragável imposição racional, que mesmo que os conceitos versados na hipótese da norma ou em sua finalidade sejam vagos, fluidos ou imprecisos, ainda assim têm algum conteúdo determinável, isto é, certa densidade mínima, pois, se não o tivessem não seriam conceitos e as vozes que os designam sequer seriam palavras.

Deveras, a palavra é um signo, e um signo supõe um significado. Se não houvesse significado algum cognoscível, não haveria palavra, haveria um ruído. Logo, tem-se que aceitar, por irrefragável imposição lógica, que, mesmo que vagos, fluidos ou imprecisos, os conceitos utilizados no pressuposto da norma (na situação fática por ela descrita, isto é, no "motivo legal") ou na finalidade, têm algum conteúdo mínimo indiscutível. De qualquer deles se pode dizer que compreendem uma *zona de certeza positiva*, dentro da qual ninguém duvidaria do cabimento da aplicação da palavra que os designa, e uma *zona de certeza negativa*, em que seria certo que por ela não estaria abrigada. As dúvidas só têm cabida no intervalo entre ambas. Isto significa que em inúmeros casos será *induvidoso* que uma situação é, *exempli gratia*, *urgente*, ou que seguramente não o é; que há um interesse público *relevante* ou que certamente não há; que dado cidadão tem *reputação ilibada* ou não a tem; que possui ou não possui *notável saber*; que determinado evento põe em risco a *segurança pública*, a *moralidade pública*, a *tranquilidade pública* ou, pelo contrário, que não as molesta.

É indubitável que os seres humanos podem acordar, em tempo e local certos, a respeito do conteúdo mínimo, da significação mínima, daqueles conceitos. Logo, jamais o agente administrativo poderia, em nome da fluidez desses conceitos, tomá-los ou acolhê-los em uma significação não comportada por esse âmbito mínimo que conota e denota a palavra, o conceito, portanto.

22. Acresce que o direito é uma *linguagem*; é uma fala que veicula *prescrições*. O que nele se diz é para ser compreendido pela sociedade, de modo a que as pessoas em geral possam conhecer os próprios direitos, atuar na conformidade das leis e evitar as consequências de sua eventual transgressão. Segue-se que o administrador, ao interpretar e aplicar a norma, não pode atribuir às palavras legais que recubram conceitos vagos ou imprecisos um conteúdo dissonante daquele que, em dado tempo e lugar, é socialmente reconhecido como o que lhes corresponde.

Assim, nada importará a concepção particular, pessoalíssima, que alguma autoridade tenha (real ou pretensamente) sobre o que é "segurança pública", "moralidade pública", "urgência", "interesse público relevante", "tranquilidade pública" ou de outros conceitos fluidos do gênero. A intelecção bizarra, original, ou as peculiares idiossincrasias que informem a intelecção desatada que algum agente público porventura possa fazer dos conceitos vagos mencionados na lei, evidentemente, não pode ter o condão de sobrepor-se ao sentido que razoavelmente se lhes reconhece em dado meio social. Tais conceitos não têm elastério determinado pelo peculiar subjetivismo (verdadeiro ou não) do agente tal ou qual, mas cinge-se a um campo delimitado pela intelecção *razoável*, corrente, isto é, aquela que é normalmente captada pelos administrados, porquanto para reger-lhes os comportamentos é que a regra foi editada.

23. Além disto, tem-se que admitir, ainda, que uma interpretação destes conceitos fluidos, também chamados de "indeterminados", se faz contextualmente, ou seja, em função, entre outros fatores, do plexo total de normas jurídicas, porque ninguém interpreta uma regra de direito tomando-a como um segmento absolutamente isolado. Ao se usar a expressão "segmento", já se está a indicar que é parte de um todo. Ora, *as partes só entregam sua realidade exata quando se tem conhecimento do todo.* Não é possível apreender o significado de uma parte sem antes abrigar na mente ao menos uma noção do que seja o todo. Para invocar o mais tosco e rudimentar dos exemplos, basta pensar que ninguém conseguirá entender o que é mão sem ter ideia do que é braço; ninguém conseguirá entender o que é braço sem ter ideia do que é um corpo humano. Assim, agiria de modo estulto quem pretendesse interpretar algum conceito normativo tomando-o desligadamente do todo contextual de que faz parte. Esse todo contextual termina por adensar um pouco o que haja de fluidez nesse conceito, embora não elimine *sempre*, necessariamente e de modo completo, o campo de possíveis dúvidas.

24. De toda sorte, até o ponto em que se chegou, pode-se dar como certo que a discricionariedade jamais poderia ser entendida como margem de liberdade que obstasse o controlador (interno ou externo) da legalidade do ato de verificar se a intelecção das palavras normativas, efetuada pelo agente administrativo ao aplicar a lei, foi ou não desbordante do *campo significativo possível* daquelas palavras, considerado tal campo significativo ao lume da acepção corrente que tenham em dada sociedade e de seu enfoque contextual no sistema normativo.

Com efeito, as expressões legais designativas do pressuposto para a prática de um dado ato (ou indicativas da finalidade que lhe deve corresponder) são exatamente as *demarcações da competência* ou, dizendo com maior rigor, são aquilo que faz com que dado poder seja qualificável como competência, isto é, como "poder demarcado e finalisticamente pré-orientado": pois isto é que se denomina competência. Segue-se que se o juízo do administrador fosse incontrastável sobre questões desta ordem (por exemplo, a respeito da existência de urgência, de interesse público relevante, de moralidade pública, de ordem pública e quejandos), seu poder seria absoluto, ilimitado, *ao invés de ser uma competência*, pois teria a extensão que a autoridade administrativa lhe quisesse dar. Além disto, incidir-se-ia no absurdo e no contrassenso total de considerar que as palavras legais demarcadoras do poder simplesmente não têm valor significativo algum, equivalendo a um nada, com o que seria irrelevante que o legislador as mencionasse ou deixasse de mencioná-las, pois lhes faltaria qualquer préstimo para condicionar o exercício do poder pela autoridade a quem quis pear.

Logo – é esta a conclusão até aqui – *a discricionariedade ensejada pela fluidez significativa do pressuposto ou da finalidade da norma cinge-se sempre ao campo de inelimináveis dúvidas sobre o cabimento dos conceitos utilizados pela regra de direito aplicanda*. Fora daí não haverá discricionariedade, mas, vinculação.

VII – Discricionariedade no comando da norma: dever de adotar a melhor solução

25. Cumpre, entretanto, ir além, e é exatamente nisto que reside a diferença da posição que ora está sendo exposta a respeito da discricionariedade em relação ao pensamento corrente. Ingressa-se, aqui e agora, na terceira parte da exposição.

Convém iniciá-la propondo as seguintes considerações básicas: quando a norma jurídica vinculadamente estabelece um único comportamento perante situação definida em termos objetivos, ninguém duvida que ela quer um comportamento ótimo e que foi considerado possível predefinir a conduta dessarte qualificada como ideal para atender ao interesse que se propôs a tutelar; por isso o fez em termos de vinculação total. Mas, caberia perguntar: quando a lei regula uma dada situação em termos dos quais resulta discricionariedade, terá ela aberto mão do propósito e da imposição de que seja adotado o comportamento plenamente adequado à satisfação de sua finalidade?

Muito pelo contrário. A discrição, como se espera a breve trecho comprovar, é a mais completa prova de que a lei sempre impõe o comportamento ótimo. Procurar-se-á demonstrar que quando a lei regula discricionariamente uma dada situação, ela o faz deste modo exatamente porque não aceita do administrador outra conduta que não seja aquela capaz de satisfazer excelentemente a finalidade legal.

26. Em primeiro lugar, isso é postulado por uma ideia simplicíssima. Deveras, não teria sentido que a lei, podendo fixar uma solução por ela reputada ótima para atender ao interesse público, e uma solução apenas sofrível ou relativamente ruim, fosse indiferente perante estas alternativas. É de presumir que, não sendo a lei um ato meramente aleatório, só pode pretender, tanto nos casos de vinculação, quanto nos casos de discrição, que a conduta do administrador atenda excelentemente, à perfeição, a finalidade que a animou. Em outras

palavras, a lei só quer aquele específico ato que venha a calhar à fiveleta para o atendimento do interesse público. Tanto faz que se trate de vinculação, quanto de discrição. O comando da norma sempre propõe isto. Se o comando da norma sempre propõe isto e se uma norma é uma imposição, o administrador está, então, *nos casos de discricionariedade*, perante o *dever jurídico* de praticar, *não qualquer ato dentre os comportados pela regra, mas, única e exclusivamente, aquele que atenda com absoluta perfeição à finalidade da lei.*

27. Veja-se.

Se a lei regula vinculadamente a conduta administrativa, está com isto declarando saber qual o comportamento único que, a seu juízo, atenderá *com exatidão, nos casos concretos*, ao interesse público por ela almejado. Daí que pré-selecionou o ato a ser praticado e o fez obrigatório, excluindo qualquer interferência do administrador na apreciação dos fatos deflagradores da aplicação da norma e qualquer avaliação quanto à providência mais adequada para atender à finalidade legal. Uma vez que, no comum dos casos de discricionariedade, teria sido perfeitamente possível redigir a lei em termos vinculados, tem-se de concluir que a única razão lógica capaz de justificar a outorga de discrição reside em que não se considerou possível fixar, de antemão, qual seria o comportamento administrativo *pretendido como imprescindível* e reputado capaz de assegurar, *em todos os casos*, a única solução prestante para atender com perfeição ao interesse público que inspirou a norma. Daí a outorga da discricionariedade para que o administrador – que é quem se defronta com os casos concretos – pudesse, ante a fisionomia própria de cada qual, atinar com a providência apta a satisfazer rigorosamente o intuito legal.

Com efeito, é certo que a lei não assume indiferença quanto ao advento, nos vários casos concretos, ora de soluções ótimas, ora de soluções sofríveis ou mesmo ruins, pois, se assim fosse, haveria sido redigida em termos de vinculação absoluta. Se não prefigurou vinculação foi exatamente porque não se satisfez com isto e não aceita senão a providência que lhe atenda excelentemente os objetivos.

Deveras, que sucederia se o legislador estabelecesse sempre vinculação, ao invés de discrição administrativa? Dada a multiplicidade e a variedade das situações fáticas possíveis, quando a regra de direito tipificasse uma delas em termos objetivos, teria manietado o administrador, ao prefigurar como obrigatória, perante aquela situação tipificada em termos incontroversíveis, uma dada e única providência que, eventualmente, seria inconveniente para os próprios interesses públicos que a norma pretendeu satisfazer.

28. Um exemplo permitirá aclarar esta ideia.

Figurem-se duas hipotéticas normas. Uma, que dissesse: terão direito a internamento gratuito nos hospitais públicos, os doentes que ganharem apenas um salário mínimo. Seria uma forma possível de criar, para a Administração, o dever de internamento gratuito de certas pessoas enfermas que recorressem aos hospitais públicos. Neste caso não haveria discrição nenhuma. Apresentar-se-ia o indivíduo que estivesse doente, comprovar-se-ia o fato por um exame de natureza técnica, e o paciente demonstraria perceber apenas um salário mínimo. Haveria vinculação no comando da norma, e haveria vinculação também, com relação ao pressuposto: ganhar tanto. Seria uma possível maneira de regular tal assunto. Mas a lei poderia dispor sobre esse mesmo tema da seguinte forma: terão internamento gratuito nos hospitais públicos, as pessoas doentes que forem "pobres". Neste caso, o pressuposto para obter internamento gratuito seria a pobreza, não estando fixada por uma quantificação objetiva (um salário mínimo) a caracterização do pressuposto normativo.

Verifique-se o que poderia ocorrer em uma e em outra hipótese dentre estas duas maneiras de regular a mesma matéria. Se a lei dispusesse que teriam direito a internamento gratuito apenas os que ganhassem até um salário mínimo, resulta, evidentemente, que careceriam de tal direito os que percebessem acima deste limite. Poderia ocorrer que se apresentassem, na mesma ocasião, dois indivíduos: um, cuja retribuição fosse de um salário mínimo e meio e outro que se enquadrasse perfeitamente no teto legalmente estabelecido. Ao primeiro indivíduo, como determinava a lei, seria indeferido o internamento e ao segundo, como é natural, conceder-se-ia tal benefício. Agora imagine-se que este primeiro, que ganhava um salário mínimo e meio, fosse casado, tivesse 12 filhos dependentes e sustentasse a sogra. E suponha-se que este segundo, que solicitou o internamento e que ganhava apenas um salário mínimo, fosse solteiro, tivesse pais muito ricos e morasse com eles. Se a lei estabelecesse em termos vinculados, fixando por salários mínimos o pressuposto fático, caberia perguntar: nas situações supostas, a finalidade inspiradora da lei teria sido atendida? Evidentemente não. Então, se a lei houvesse estabelecido que terão direito a internamento gratuito as pessoas "pobres" (conceito vago), por que ela o faria nestes termos? Pura e simplesmente porque pretenderia garantir o perfeito atendimento de sua finalidade. Ela poderia dispor de outra maneira, porém, se o fizesse, em muitos casos, quiçá, na maioria deles, a finalidade da lei seria plenamente atendida, mas, em vários outros, seria desatendida.

É exatamente porque a norma legal só quer a solução ótima, perfeita, adequada às circunstâncias concretas, que, ante o caráter polifacético, multifário, dos fatos da vida, se vê compelida a outorgar ao administrador – que é quem se confronta com a realidade dos fatos segundo seu colorido próprio – certa margem de liberdade para que este, sopesando as circunstâncias, possa dar verdadeira satisfação à finalidade legal.

Então, a discrição nasce precisamente do propósito normativo de que só se tome a providência excelente, e não a providência sofrível e eventualmente ruim, porque, se não fosse por isso, ela teria sido redigida vinculadamente.

29. Se, pois, tem-se de depreender que a finalidade legal se quer precisamente atendida tanto nos casos de vinculação quanto nos casos de discrição, se é impositivo concluir que a existência da discrição, como visto, funciona exatamente como prova demonstrativa de que a lei só admite a solução ótima, tem-se, então, que chegar a uma conclusão da qual não há fugir: a conduta que não atingir de modo preciso e excelente a finalidade legal não é aquela pretendida pela regra de direito. Se não é aquela pretendida pela regra de direito, quem a promoveu atuou em desconformidade com a finalidade legal e quando alguém atua em desconformidade com a finalidade legal, *o ato é inválido*.

Logo, *discrição administrativa* não pode significar campo de liberdade para que o administrador, dentre as várias hipóteses *abstratamente comportadas pela norma, eleja qualquer delas no caso concreto*. Em última instância, o que se está dizendo é o seguinte: o âmbito de liberdade do administrador perante a norma não é o mesmo âmbito de liberdade que a norma lhe quer conferir perante o fato. Está-se afirmando que *a liberdade administrativa, que a discrição administrativa, é maior na norma de direito, do que perante a situação concreta*. Em outras palavras: que o plexo de circunstâncias fáticas vai compor balizas suplementares à discrição que está traçada abstratamente na norma (que podem, até mesmo, chegar ao ponto de suprimi-la), pois é isto que, obviamente, é pretendido pela norma atributiva de discrição, como condição de atendimento de sua finalidade.

VIII – Discrição na norma e discrição no caso concreto

30. Com efeito, se a lei comporta a possibilidade de soluções diferentes, *só pode ser porque pretende que se dê uma certa solução para um dado tipo de casos e outra solução para outra espécie de casos*, de modo a que

sempre seja adotada a decisão *pertinente*, adequada à fisionomia própria de cada situação, tendo em vista atender à finalidade que inspirou a regra de direito aplicanda.

A existência de uma variedade de soluções comportadas em lei outorgadora de discrição evidentemente não significa que esta considere que *todas* estas soluções são igual e indiferentemente adequadas para *todos* os casos de sua aplicação. *Significa, pelo contrário, que a lei considera que algumas delas são adequadas para alguns casos e que outras delas são adequadas para outros casos.*

31. Ora, em sendo verdadeira esta afirmação, em sendo corretas – como certamente o são – as lições de Guido Falzone, segundo quem existe um dever jurídico de boa administração e não apenas um dever moral ou de ciência da Administração, porque a norma só quer a solução excelente,[14] *se não for esta a adotada haverá pura e simplesmente violação da norma de direito, o que enseja correção jurisdicional, dado ter havido vício de legitimidade.*

Donde, perante eventos desta compostura, em despeito da discrição presumida na regra de direito, se o administrador houver praticado ato discrepante do único cabível, ou se tiver eleito algum seguramente impróprio ante o confronto com a finalidade da norma, o Judiciário dever prestar a adequada revisão jurisdicional, porquanto, em rigor, a Administração ter desbordado da esfera discricionária, *já que esta, no plano das relações jurídicas, só existe perante o caso concreto.* Na regra de direito ela está prevista como uma *possibilidade – não como uma certeza.* A "admissão" de discricionariedade no plano da norma *é condição necessária, mas não suficiente* para que ocorra *in concreto*. Sua previsão na "estática" do direito não lhe assegura presença na "dinâmica" do direito. Para servirmo-nos de expressões da filosofia aristotélico-tomista: a discricionariedade na regra de direito contém *in potencia* a discricionariedade *in actu,* mas nada mais que isto.

Logo, não bastará invocar a expressão legal enunciadora de conceito fluido ou que dá liberdade de fazer ou não fazer, ou que permite praticar o ato A, B ou C, para que o órgão controlador (interno ou externo) da legitimidade, seja o Judiciário, seja a Administração Pública, tenha que concluir que existe discrição e que, por isso, não pode ser examinado a fundo o ato, sob pena de estar-se entrando no mérito do ato administrativo. É que isto não é "mérito" do ato administrativo.

---

[14] FALZONE, Guido. *Il dovere di buona amministrazione*. Milão: Giuffrè, 1953, especialmente p. 87 e segs.

32. *Mérito é o campo de liberdade suposto na lei e que, efetivamente, venha a remanescer no caso concreto, para que o administrador, segundo critérios de conveniência e oportunidade, se decida entre duas ou mais soluções admissíveis perante ele, tendo em vista o exato atendimento da finalidade legal, dada a impossibilidade de ser objetivamente reconhecido qual delas seria a única adequada.*

33. A estas considerações cabe ainda agregar o seguinte. Existe uma correlação lógica entre o fim a ser atendido e o meio a ser adotado. É claro que se o agente se vale de um meio que é inidôneo para alcançar o fim, não chega ao fim que tem de ser alvejado. Para compor um prosaico exemplo, diga-se que se alguém tomar, em São Paulo, um ônibus rumo a Fortaleza, não há possibilidade de que chegue a Porto Alegre.

Portanto, se o agente usar de um ato administrativo que não é idôneo para alcançar determinado fim, não o alcança. Logo, como existe uma correlação lógica entre a finalidade e o ato (que não é senão o meio pelo qual se chega a ela), ter-se-á reforçada a percepção de que não basta, para dizer-se ocorrente discrição administrativa, a verificação de que a norma abriu para o administrador a possibilidade de praticar ou não praticar o ato, de praticar este ou aquele. É preciso que, ao praticar ou ao não praticar um ato, ou ao praticar este ou aquele, tais opções que se traduzem em atos administrativos, sejam as opções logicamente idôneas para chegar à finalidade. Existe uma incindível correlação lógica entre a finalidade e o ato adotado.

Posto que assim é, posto que existe essa correlação lógica, mesmo que a norma diga que um agente administrativo pode fazer ou não fazer ou pode adotar o ato A ou B, este ato deve ser confrontado com as circunstâncias fáticas existentes para que o Poder Judiciário (ou qualquer órgão controlador de sua legitimidade) verifique se ele guarda ou não guarda com elas a correlação lógica necessária e se tem, pois, idoneidade para alcançar a finalidade. O resultado deste confronto pode levar, inclusive, à total disparição de discricionariedade, que *embora existente no nível da norma deixa de suster-se ante as peculiaridades de alguma situação em concreto.*

34. Ainda aqui o recurso à exemplificação vale como meio adequado para aclarar o conteúdo da afirmação teórica e comprovar-lhe a procedência. Suponha-se a seguinte lei: "a Administração Pública *poderá* (e este seria um caso de liberdade ampla) conceder porte de arma aos indivíduos de boa conduta, para que tenham garantias de segurança".

Sabe-se que o porte de arma é um ato dito discricionário. Pois bem, suponha-se que um dado cidadão, pacifista notório, publicamente conhecido como tal, quer por suas posições políticas, quer pela comprovada demonstração empírica da fidelidade a tais convicções, solicitasse um porte de arma à Administração Pública. Admita-se que tal pedido se devesse ao fato de este indivíduo haver se mudado para um bairro no qual o índice de criminalidade fosse particularmente alto e sem expectativas próximas de declínio imediato, ante o reconhecimento governamental da inexistência de recursos humanos e materiais para satisfatória intensificação do policiamento na região. Suponha-se, ainda, que este elevado índice de crimes proviesse sobretudo de invasões de residência para prática de atos de violência sexual, cometidos sistematicamente contra mulheres formosas e jovens. Acrescente-se à hipótese figurada que o requerente fosse pai de três filhas, particularmente atraentes e da mesma faixa etária das vítimas. Diante de uma situação desta ordem, caberia indagar: o fato de a regra de direito conferir discrição ao agente público para outorgar ou não o porte de arma ensejaria que a denegasse neste específico caso imaginado? Poderia a autoridade competente, apesar da gravidade da onda de crimes e da insuficiência de recursos para melhoria do policiamento, indeferir o requerido, ainda que de boa-fé, estribado na discrição conferida pela norma e na inconveniência da disseminação de armas?

Parece fora de dúvida que não. Teria que aceder ao pedido de porte de arma, pela seguinte e singelíssima razão: o campo de liberdade existente no mandamento ou na norma de direito em abstrato é muito maior do que o campo de liberdade existente perante a situação concreta, já que a norma se fez ampla ou com certa liberdade, *precisamente para que fosse adensada ante o caso concreto e ao lume de sua finalidade*. Em despeito de a lei haver permitido, *em tese*, que a Administração optasse por uma ou outra conduta, no caso concreto deixaria de ser atendida a finalidade da norma se fosse negado o que a parte requereu.

Este exemplo que acaba de ser dado (propositalmente revestido de feição exagerada e com apelo óbvio a uma retórica emocional, pois manipula aspectos muito sensíveis, como os sentimentos de paternidade e a defesa da integridade física da mulher contra anormais), mesmo despido de todas as suas conotações emocionais, é de inegável pertinência. A lição que nele se contém poder ser transportada para quaisquer outros casos de discrição administrativa, exibindo sempre a procedência da seguinte conclusão: é possível ao órgão controlador, em exame de legitimidade, portanto, sem invadir o mérito do ato,[15] verificar se o plexo de circunstâncias fáticas afunilou ou não afunilou, e até que ponto afunilou o campo de liberdade administrativa.

35. Sem dúvida, perante inúmeros casos concretos (a maioria, possivelmente), caberão dúvidas sobre a decisão ideal e opiniões divergentes poderão irromper, apresentando-se como razoáveis e perfeitamente admissíveis. Nestas hipóteses a decisão do administrador haverá de ser tida como inatacável, pois corresponderá a uma opção de *mérito*; ou seja: a uma escolha não só comportada abstratamente pela norma, mas também compatível com a situação empírica, porque sintonizada com a própria razão de ser das alternativas abertas pela regra aplicanda.

Já em outros tantos, como o do exemplo aventado, um simples confronto entre a norma atributiva da discrição e a fisionomia do caso concreto enseja perceber que, naquela situação, o atendimento da finalidade da lei ou (a) necessariamente exclui a possibilidade de um dado ato (que, se houver sido praticado merece invalidação) ou (b) exige que um só ato seja praticado, por ser, à toda evidência, o único que naquele caso coincidiria com o atendimento do fim legal (hipótese na qual o interessado pode demandar ao Judiciário seu direito a tal reconhecimento).

Em suma: casos haverá em que, para além de qualquer dúvida, qualquer sujeito em uma intelecção normal, razoável (e assim, também, *a fortiori*, o Judiciário) poderá concluir que, apesar da discrição outorgada pela norma, em face de seus termos e da finalidade que a anima, dada situação ocorrida não comportava senão *uma determinada providência*, ou então, que, mesmo comportando mais de uma, *certamente não era aquela que foi tomada*.

IX – A natureza da discricionariedade

36. Ao cabo de tudo o que foi dito poder-se-ia ter a impressão de que as assertivas feitas desembocam, a final, consciente ou inconscientemente, na tese de que, em rigor da verdade, não existe

---

[15] Ao respeito, Luciano Ferreira Leite bordou as avisadas considerações de que a insindicabilidade do mérito "não significa que não possa o Judiciário verificar se os agentes atuaram com exorbitância, transpondo os limites da valoração subjetiva a ele inerente", pois, como o citado autor anotou, cabe ao Judiciário verificar "se a escolha levada a efeito pela Administração se manteve nos limites do razoável [...]" (LEITE, Luciano Ferreira. *Discricionariedade administrativa e controle judicial*. São Paulo: Revista dos Tribunais, 1981. p. 74).

discricionariedade, mas sempre vinculação, já que em toda e qualquer hipótese só haveria real obediência à norma (e, portanto, ato legítimo) quando se adotasse a única providência adequada perante o caso concreto, isto é, aquela adequada e *perfeita* para atender ao escopo normativo. Ora, se a providência cabível fosse sempre *uma só* (a perfeita, a ideal), então não existiria discrição, pois esta pressupõe necessariamente alternativas.

Donde, mesmo nos casos em que se declarou cabíveis e inatacáveis opções "discricionárias" – as que incidam sobre situações que comportem fundadas dúvidas sobre a intelecção do conceito vago ou sobre a correção da solução adotada, pois opiniões divergentes e razoáveis poderiam concorrer entre si – em rigor não seriam propriamente hipóteses de discricionariedade. Antes seriam casos em que teria falecido a possibilidade de *demonstrar*, seja a cabível interpretação *in concreto* do conceito vago, seja que o ato devido teria sido outro ou que pelo menos não era o que foi praticado. Assim, estar-se-ia, a final sustentando que, no fundo, todo o problema da discrição não passa de um *problema de prova*. Ou seja: estaria sendo *reconvertido* ao drama da prova.

Em alguns casos seria possível demonstrar a procedência da impugnação arguida contra o comportamento administrativo e em outros não. A discricionariedade seria meramente uma situação em que o titular do direito violado não teria como comprová-la, parificando-se nisto a quaisquer outras em que ocorra este problema corriqueiro. Contudo, nunca se estaria perante discricionariedade, pois sempre existiria a obrigação (transgredida ou respeitada) de adotar perante o caso concreto a solução ideal (ainda que não se pudesse prová-la). Em suma: às vezes o direito restaria irremissivelmente violado, mas esta realidade fática não seria razão prestante para erigir-se em categoria jurídica – nominando-a de discricionariedade – a simples impossibilidade prática de corrigir uma violação do direito.

37. Não é assim, contudo. Mesmo existindo o dever jurídico de adotar, *in concreto*, a solução ideal preconizada na lei, a discricionariedade não é apenas o resultado da impossibilidade prática de provar que houve violação de tal dever. Antes, é um fruto da impossibilidade de objetivamente reconhecer (quando a lei não o predetermina) qual será o comportamento, *in concreto*, apto a atingir de modo perfeito a finalidade normativa.

Então, *quando realmente existe discricionariedade*, não há apenas um problema de não se poder provar algo; há o problema de *não se poder saber qual é a solução ótima*. São coisas totalmente distintas não poder *saber* o que algo é (ou não é) e não poder *prová-lo*. Aliás, esta segunda situação pressupõe a primeira.

Quando se raciocina sobre direito, quando se interpreta direito, é claro que se o faz partindo de certos pressupostos lógicos inafastáveis, que são os condicionantes do ser humano, da natureza humana. *Ora, o ser humano não é onisciente*. Sua aptidão para desvendar a solução que satisfaria idealmente a finalidade legal *é limitada, é finita*. Uma vez que a inteligência humana é finita – e, portanto, não pode desvendar tudo – *também não pode identificar sempre, em todo e qualquer caso, a providência idônea para atender com exatidão absoluta à finalidade almejada pela regra aplicanda, dado que pelo menos dois pontos de vista divergentes seriam igualmente admissíveis. Disto resulta a impossibilidade de eliminar o subjetivismo quanto à superioridade de algum deles em relação aos outros.*

Em suma: a providência ideal em muitas situações é *objetivamente incognoscível*. Poder-se-á tão somente saber ser uma *que se contenha dentro de um número limitado de alternativas e que se apresente como razoável no caso concreto*.

Com efeito, inúmeras vezes pode-se ter uma opinião a respeito de um dado assunto e estar convicto dela, mas não se tem supedâneo racional incontendível para pretender que a própria opinião é a única logicamente admissível perante aquele caso. Outras igualmente poderão ser propostas, e alguém, mesmo discordando, ter que admitir-lhes o cabimento.

Esta incognoscibilidade da solução ótima sucederá, inclusive – embora não sempre – também porque a solução teoricamente reputável como ideal só existiria perante situações fáticas que a lei referiu, mas cujo reconhecimento não é detectável univocamente, por comportar diferentes intelecções razoáveis, que é o que se passa, conforme visto, quando houverem sido normativamente descritas mediante palavras que recobrem os chamados conceitos fluidos, elásticos, imprecisos ou indeterminados. A discricionariedade é pura e simplesmente o resultado da impossibilidade da mente humana poder saber sempre, em todos os casos, qual a providência que atende com precisão capilar à finalidade da regra de direito.

38. Donde – *e é este o ponto a que se quis chegar ao cabo de tudo que foi exposto* – em quaisquer outros casos nos quais a mente humana possa acordar que diante do caso concreto uma só conduta era razoavelmente admissível para satisfazer a finalidade legal, só ela poderá ser validamente adotada, nada importando que a norma haja

conferido liberdade para o administrador praticar o ato tal ou qual, pois se a lei exige a adoção da providência ótima, não basta que seja apenas uma dentre as abstratamente comportadas nela. Disto decorrerá então, evidentemente, o reconhecimento de que o administrado pode buscar provar tal fato.

Uma vez aceita esta conclusão, ter-se-á uma profunda inversão no exame da discrição administrativa. Ter-se-á uma intensificação e ampliação da investigação dos atos administrativos, porque as autoridades controladoras de legitimidade deixarão de se sensibilizar pelo argumento, *prima facie* (mas apenas *prima facie*) impressionante, de que a norma permitia tomar a conduta A ou B, o que é verdade apenas ao nível da norma; ou de que a norma permitia que se deferisse ou indeferisse algo. Deixar-se-á de aceitar esta afirmação como um empeço, como um embargo, ao exame do ato.

Passar-se-á a admitir que a parte demonstre, que o interessado exiba que, ao lume do conjunto de circunstâncias concretas ocorrentes, o campo de liberdade abstratamente suposto pela regra de direito sofreu um complementar balizamento, de maneira a converter o que era liberdade em necessidade. E, portanto, que o comportamento, afinal, era *in concreto* um comportamento obrigatoriamente vinculado ou, quando menos, que o ato praticado não era o pertinente, pois não se incluía entre os admissíveis em face do caso em pauta, razão pela qual terá de ser anulado.[16]

X – Finalidade da norma como baliza da discrição

39. A boa intelecção da regra de direito impõe reconhecer que o campo de liberdade administrativa decorrente das normas que prefiguram discrição é muito mais angusto do que habitualmente se admite, seja porque a situação concreta é que lhe dá sua verdadeira dimensão, reduzindo-o muito (quando não o extingue), seja porque a Administração Pública está sujeita ao "dever de boa administração". Este, como quer Guido Falzone, é mais que um dever moral ou de ciência da administração; é um dever jurídico, porque quando não há

---

[16] Maria Cuervo Silva e Vaz Cerquinho fazem a oportuna e certeira observação de que se a discricionariedade é uma apreciação livre "dentro nos limites legais" e "se há limites legais, há vinculação no que concerne a tais extremos, verificando-se exame de legitimidade" (SILVA, Maria Cuervo; CERQUINHO, Vaz Percival Julio. *O desvio de poder no ato administrativo*. São Paulo: Revista dos Tribunais, 1979. p. 50).

a boa administração, não há satisfação da finalidade legal e quando não há satisfação da finalidade legal não há satisfação real da regra de direito, mas violação dela, pois uma regra de direito depende inteiramente da finalidade, por ser ela que lhe ilumina a compreensão. O fato de a finalidade estar muitas vezes implícita ou de ser nomeada mediante conceitos fluidos não é impediente a que cumpra esta função de norte orientador do intérprete, pois, como disse Ihering, citado por Recaséns Siches,[17] "o fim é o criador de todo Direito; não há norma jurídica que não deva sua origem a um fim, a um propósito, isto é, a um motivo prático".

40. Para encerrar, cumpre figurar dois exemplos, ambos demonstrativos de que é a finalidade da regra o que permite compreendê-la e que vai lhe dar o sentido que efetivamente tem. Houve, na Prússia, uma lei, referida por Jellinek, a qual determinava a dissolução de bandos de ciganos. Como a palavra "bando" é uma palavra fluida e imprecisa, pode-se tomar a liberdade de acrescentar a essa lei um parágrafo único, vazado nos seguintes termos: "Considera-se bando uma reunião de 15 pessoas". Veja-se que, neste caso, está-se diante de uma hipótese de vinculação, aparente, pelo menos, no pressuposto da norma e em seu comando.

Suponha-se que, à época da vigência da lei em apreço, um agente policial se defrontasse com um grupo de ciganos. Depois de contá-los, verificando a presença de 15 pessoas, os intimasse a se dissolverem. Contudo, imagine-se que ouvisse de um dos intimados, um senhor provecto, a veraz informação de que os que ali estavam reunidos constituíam uma família e não um bando, posto que ele era o pai, a velha senhora ao seu lado, a mãe, e os demais eram os treze filhos do casal.

Que deveria o policial fazer?

Certamente a finalidade da norma não seria a de dissolver famílias, tanto mais se existisse no Texto Constitucional prussiano uma regra, como há no direito brasileiro, estabelecendo o dever, para o Estado, de proteger a família.

Veja-se que no exemplo cogitado a norma a ser aplicada contemplava uma definição objetiva do pressuposto e estabelecia, em face de sua ocorrência, uma conduta obrigatória. Nada obstante, não cabe hesitar em concluir que o policial não poderia adotar a conduta prevista, porque a finalidade da regra, confrontada com a situação

---

[17] RECASÉNS SICHES, Luis. *Tratado general de filosofia del derecho*. 2. ed. México: Porrua, 1961. p. 663.

fática, postulava conduta diversa. Para dizê-lo com maior exatidão: o conceito abstratamente suposto na lei ao configurar um bando adquiria contornos especiais em face da finalidade da norma, de tal sorte que o agente nunca poderia, em nome da literalidade da lei, dissolver aquele grupo sem como isto desatender à finalidade normativa.

41. Cabe figurar um segundo exemplo, deliberadamente alheio ao direito, mas igualmente elucidativo de que é a finalidade o que permite compreender o sentido, a racionalidade, de qualquer produto cultural. Suponha-se que alguém, vendo pela primeira vez na vida um relógio, perguntasse que coisa era aquele objeto.

Imagine-se que, por feliz coincidência, o interlocutor fosse a maior autoridade mundial em relógios. Assim, ante a pergunta, procederia a uma exposição excepcionalmente clara sobre os componentes do relógio, descrevendo com precisão e exatidão inigualáveis todas as suas peças e elucidando sua recíproca relação, uma vez identificadas cada uma das unidades do mecanismo: arruelas, molas, ponteiros etc. Mas, suponha-se que se omitisse em dizer qual a finalidade do relógio. Pode-se figurar que, dada a precisão da exposição, o autor da pergunta se tornasse apto a montar, por si mesmo, um relógio. Entretanto, com a explicação recebida jamais saberia o que é um relógio, por ignorar sua finalidade, por não saber para que serve. Por isso, nunca faria um uso consequente e adequado dele, consentâneo com sua razão de ser.

Estes dois exemplos – um, estritamente jurídico, outro, alheio ao direito – exibem com clareza que *é a finalidade e só a finalidade o que dá significação às realizações humanas*. O direito, as leis, são realizações humanas. Não compreendidas suas finalidades, não haverá compreensão alguma do direito ou de uma dada lei.

XI – Síntese conclusiva

42. Retomam-se, agora, para resumo e conclusão final, as observações inicialmente feitas, entrosando-as com os tópicos subsequentemente firmados. Uma vez que atividade administrativa é desempenho de *função* e dado que função é o cumprimento obrigatório do *dever* de atingir uma *finalidade antecipadamente estabelecida* por meio do manejo de poderes exercitáveis no interesse de outrem, e estabelecido que a lei sempre e sempre impõe, como é natural, o dever de buscar-se a medida que atenda de modo preciso à sua finalidade, resulta certo que a liberdade administrativa acaso conferida por uma norma de direito não significa sempre liberdade de eleição entre indiferentes jurídicos.

Não significa poder de opções livres, como as do direito privado. Significa o dever jurídico funcional (questão de legitimidade e não de mérito) de acertar, ante a configuração do caso concreto, a providência – isto é, o ato – ideal, capaz de atingir com exatidão a finalidade da lei, dando, assim, satisfação ao interesse de terceiros – interesse coletivo e não do agente – tal como firmado na regra aplicanda.

Segue-se que a abstrata liberdade conferida no nível da norma não define o campo da discricionariedade administrativa do agente, pois esta, se afinal for existente (ao ser confrontada a conduta devida com o caso concreto), terá sua dimensão delimitada por este mesmo confronto, já que a variedade de soluções abertas em tese pela norma traz consigo implícita a suposição de que algumas delas serão adequadas para certos casos, outras para outra ordem de casos e assim por diante. Então, o controlador da legitimidade do ato (muito especialmente o Poder Judiciário), para cumprir sua função própria, não se pode lavar de averiguar, caso por caso, ao lume das situações concretas que ensejaram o ato, se, à vista de cada uma daquelas específicas situações, havia ou não discricionariedade e que extensão tinha, detendo-se apenas e tão somente onde e quando estiver perante opção administrativa entre alternativas igualmente razoáveis, por ser *in concreto* incognoscível a solução perfeita para o atendimento da finalidade, isto é, do interesse consagrado pela norma.

Este é um exame de pura legitimidade e que impõe a fulminação dos atos – praticados embora *sub color* de (pretenso) exercício de discricionariedade – sempre que seja objetivamente demonstrável que a conduta adotada não foi a providência ótima almejada pela lei, pois, em casos que tais, não terá havido exercício de verdadeira discrição administrativa, mas terá ocorrido pura e simplesmente violação do direito.

XII – Conceito de discricionariedade

43. *Discricionariedade, portanto, é a margem de liberdade que remanesça ao administrador para eleger, segundo critérios consistentes de razoabilidade, um, dentre pelo menos dois comportamentos cabíveis, perante cada caso concreto, a fim de cumprir o dever de adotar a solução mais adequada à satisfação da finalidade legal, quando, por força da fluidez das expressões da lei ou da liberdade conferida no mandamento, dela não se possa extrair, objetivamente, uma solução unívoca para a situação vertente.*

CAPÍTULO II

DESVIO DE PODER

I – Introdução; II – A teoria do desvio de poder; III – Modalidades de desvio de poder; IV – O desvio de poder e a regra de competência; V – Desvio de poder alheio a qualquer finalidade pública; VI – Desvio de poder praticado por agentes que atuam com vistas a uma finalidade legal; VII – Exemplário de desvio de poder; VIII – O desvio de poder e o vício de intenção; IX – Desvio de poder: vício objetivo; X – Desvio de poder por omissão; XI – Desvio de poder em atos legislativos e jurisdicionais; XII – A prova do desvio de poder; XIII – Desvio de poder e mérito do ato.

I – Introdução

1. Para alumbrar o panorama dentro do qual se encarta a temática do desvio do poder, é útil considerar, introdutoriamente, alguns tópicos concernentes à caracterização da atividade administrativa dentro do Estado de direito.

No Estado de direito, quer-se o governo das leis e não o governo dos homens, consoante a clássica assertiva proveniente do direito inglês. Isto significa que é ao Poder Legislativo que assiste o encargo de traçar os objetivos públicos a serem perseguidos e de fixar os meios e os modos pelos quais hão de ser buscados, competindo à Administração, por seus agentes, o mister, o dever, de cumprir dócil e fielmente os *desiderata* legais, segundo os termos estabelecidos em lei. Assim, a atividade administrativa encontra na lei tanto seus fundamentos quanto seus limites.

É próprio do Estado de direito que se delineie na regra geral e impessoal, produzida pelo Legislativo, o quadro, o esquema, em cujo interior se moverá a Administração. Esta atuará por meio de agentes cuja qualificação específica, de direito, é a de operadores das disposições legais.

2. No Texto Constitucional brasileiro está estabelecido, em seu art. 5º, II, que "ninguém será obrigado a fazer ou deixar de fazer alguma coisa senão em virtude de lei". Nele também se dispõe, no art. 84, IV, que compete ao Chefe do Poder Executivo "sancionar, promulgar e fazer publicar as leis, bem como expedir decretos e regulamentos para sua fiel execução". De outra parte, o art. 1º, §1º, da Lei Maior, estatui que "todo poder emana do povo que o exerce por meio de representantes eleitos ou diretamente [...]". Diz ainda o Texto Constitucional, como é próprio em democracia representativa, que ao Congresso Nacional compete "dispor sobre todas as matérias de competência da União". Note-se que refere todas as matérias, sem prejuízo de encarecer: "especialmente sobre [...]", arrolando umas tantas postas em saliência, tudo conforme dicção do art. 48.

Vale dizer: em estrita sintonia com a lógica do Estado de direito, sagra-se a tese da soberania popular, do primado da lei – regra geral, abstrata e impessoal – expressão da vontade popular, produzida por representação, por meio do órgão denominado "Poder Legislativo", de molde a assegurar, graças à generalidade e abstração dos enunciados, respeito ao princípio isonômico, segundo o qual todos são iguais perante a lei, como dispõe o art. 5º, *caput* da Constituição de 1988.

É certo, portanto, que nos preceptivos aludidos encontram-se estampados preceitos básicos do Estado de direito e plenamente afiançado que a atividade administrativa, missão a ser desenvolvida tipicamente pelo Poder Executivo, deverá corresponder à concreção final da vontade popular expressa na lei. Fora da lei, portanto, não há espaço para atuação regular da Administração. Donde todos os agentes do Executivo, desde o que lhe ocupa a cúspide até o mais modesto dos servidores que detenha algum poder decisório, hão de ter perante a lei – para cumprirem corretamente seus misteres – a mesma humildade e a mesma obsequiosa reverência para com os desígnios normativos. É que todos exercem função administrativa, a dizer, função subalterna à lei, ancilar – que vem de *ancilla*, serva, escrava. Daí que mais não podem senão cumprir, à fidelidade, os escopos legais, tal como previstos pelo poder sobranceiro, comandante, que é o Legislativo.

3. Com efeito, existe entre a atividade administrativa e a lei uma relação de subordinação, isto é, "subordenação", ordenação inferior. Essa subordinação, nô-lo diz Renato Alessi, em observação certeira, apresenta-se sob duplo aspecto. De um lado, realça-se seu sentido *positivo*, querendo significar que a lei tanto pode erigir vedações à

Administração, quanto impor-lhe a busca de certos fins propostos como obrigatórios; de outro lado, acentua-se um sentido *negativo*, ainda mais importante, qual seja: o de que a Administração não pode fazer senão o que de antemão lhe seja permitido por uma regra legal.[18]

Esta mesma ideia foi vincada em frase lapidar por Michel Stassinopoulos, ao averbar que a Administração não apenas está proibida de agir *contra legem* ou *extra legem*, mas só pode atuar *secundum legem*.[19] Assim, também, o eminente mestre português Afonso Rodrigues Queiró proferiu as seguintes preciosas lições: "A atividade administrativa é uma atividade de subsunção dos fatos da vida real às categorias legais".[20] "O Executivo é a *longa manus* do legislador",[21] já que sua atividade unicamente há de consistir em realização efetiva do que foi disposto pelo Legislativo.

Com estas colocações iniciais desejamos salientar, enfaticamente, que a atividade administrativa, para manter-se afinada com os princípios do Estado de direito e com o regramento constitucional brasileiro, necessita ser exata e precisamente uma atividade pela qual se busca o atingimento dos fins pré-traçados em lei.

4. Reiteradas vezes temos insistido em que a essência da atividade administrativa foi captada com luminosa percuciência por um autor brasileiro, Ruy Cirne Lima, o qual, melhor do que ninguém, soube apanhar-lhe a compostura medular, exprimindo-a em palavras sábias e singelas, nos seguintes termos:

> O fim – e não a vontade – domina todas as formas de administração. Supõe, destarte, a atividade administrativa a preexistência de uma regra jurídica, reconhecendo-lhe uma finalidade própria. Jaz, conseqüentemente, a administração pública debaixo da legislação que deve enunciar e determinar a regra de direito.[22]

---

[18] ALESSI, Renato. *Sistema istituzionale del diritto amministrativo italiano*. 3. ed. Milão: Giuffrè, 1960. p. 9.

[19] STASSINOPOULOS, Michel. *Traité des actes administratifs*. Athenas: Librairie Sirey, 1954. p. 69.

[20] QUEIRÓ, Afonso Rodrigues. *Reflexões sobre a teoria do desvio de poder*. Coimbra: Coimbra Editora, 1940. p. 19.

[21] QUEIRÓ, Afonso Rodrigues. *Estudos de direito administrativo*. Coimbra: Atlântida, 1968. p. 9.

[22] LIMA, Ruy Cirne. *Princípios de direito administrativo*. 5. ed. São Paulo: Revista dos Tribunais, 1982. p. 22.

E mais:

Administração, segundo o nosso modo de ver, é a atividade do que não é proprietário – do que não tem a disposição da coisa ou do negócio administrado.[23]

Opõe-se a noção de administração à de propriedade nisto que, sob administração, o bem se não entende vinculado à vontade ou personalidade do administrador, porém, à finalidade impessoal a que essa vontade deve servir.[24]

Com efeito, o alumiado mestre gaúcho constrói sua corretíssima noção de administração a partir da antinomia que existe entre ela e a noção de propriedade. O *dominus*, o senhor, a dizer, o proprietário, dispõe da coisa a seu talante, isto é, segundo a senhoria de sua própria vontade. Antiteticamente, a administração exalça a finalidade, a subordinação da vontade a um fim que conforma e direciona a conduta do administrador. Em suma: perante propriedade está-se no reino da autonomia da vontade, perante administração, contrariamente, está-se no reino da finalidade, proposta como impositiva, como obrigatória.[25] Na propriedade a vontade – dir-se-ia – é comandante; na administração, a vontade é serviente.

---

[23] LIMA, Ruy Cirne. *Princípios de direito administrativo*. 5. ed. São Paulo: Revista dos Tribunais, 1982. p. 22.

[24] LIMA, Ruy Cirne. *Princípios de direito administrativo*. 5. ed. São Paulo: Revista dos Tribunais, 1982. p. 20.

[25] Confiram-se, ainda as seguintes notáveis averbações: "A palavra administração, nos quadros do direito privado, designa geralmente a atividade do que não é proprietário – do que não é senhor absoluto. Administração se diz a atividade do pai ou da mãe relativamente aos bens dos filhos (art. 385, Cód. Civ.); a dos tutores relativamente ao patrimônio dos tutelados (art. 422, Cód. Civ.)" (LIMA, Ruy Cirne. *Princípios de direito administrativo*. 5. ed. São Paulo: Revista dos Tribunais, 1982. p. 20). "Em direito público designa, também, a palavra administração a atividade do que não é senhor absoluto" (p. 21). "Preside, destarte, ao desenvolvimento da atividade administrativa do Poder Executivo – não o arbítrio que se funda na força – mas, a necessidade que decorre da racional persecução de um fim" (p. 21). "Traço característico da atividade assim designada é estar vinculada – não a uma vontade livremente determinada – porém, a um fim alheio à pessoa e aos interesses particulares do agente ou órgão que a exercita" (p. 21). "À relação jurídica que se estrutura ao influxo de uma finalidade cogente, chama-se relação de administração. Chama-se-lhe relação de administração, segundo o mesmo critério, pelo qual os atos de administração se opõem aos atos de propriedade. Na administração, o dever e a finalidade são predominantes; no domínio, a vontade" (p. 51-52). "A relação de administração somente se nos depara, no plano das relações jurídicas, quando a finalidade, que a atividade de administração se propõe, nos aparece defendida e protegida, pela ordem jurídica, contra o próprio agente e contra terceiros" (p. 52).

5. Estas constatações autorizam-nos a dizer que a atividade administrativa é marcada, sobretudo, pela ideia de função. Todos sabemos que a palavra "função" em direito, tem sido usada em mais de um sentido, mas há, para ela, uma acepção, um sentido nuclear, que, mais que outros, merece ser explorado. *Existe função, em direito, quando alguém dispõe de um poder à conta de dever, para satisfazer o interesse de outrem, isto é, um interesse alheio.*[26] Função, em síntese, é o exercício no interesse alheio de um poder exercido em conta de dever legal.

Convém aqui examinar com mais detença noções referidas no capítulo anterior. A ideia de função – e, pois, a ideia de função administrativa – reclama do intérprete a intelecção de que o sujeito que a exerce recebeu da ordem jurídica um dever: o dever de alcançar certa finalidade preestabelecida de tal sorte que os poderes que lhe assistem foram-lhe deferidos para serem manejados instrumentalmente, isto é, como meios reputados aptos para atender à finalidade que lhes justificou a outorga. Donde o poder, em casos que tais – e assim é irrestritamente no direito público –, tem caráter apenas instrumental. Ele não se constitui, se assim podemo-nos exprimir, em um bem em si mesmo, pois o bem (sagrado na ordem jurídica) é a finalidade estampada na lei. A valia do poder, a utilidade e o sentido dele resumem-se em consistir em instrumento insuprimível, sem o qual o agente administrativo não teria como desincumbir-se desse dever posto a seu cargo: dever de concretizar a finalidade legal, isto é, dever de dar satisfação a um interesse de terceiro, a um interesse alheio; no caso, o interesse da coletividade. Logo, o administrador não dispõe de poderes-deveres, como às vezes se diz, mas de deveres-poderes, locução que expressa com maior fidelidade que a anterior a verdadeira índole de suas competências.

6. No passado, sublinhavam-se muito os "poderes" da Administração. Ao depois, como hoje já se faz com alguma habitualidade, passou-se a mencionar os "poderes-deveres" da Administração. Ainda assim, o binômio está mal expresso. O que se deve encarecer é que a Administração – e, pois, o administrador – enfeixam "deveres-poderes", porquanto os poderes têm destino apenas serviente. O direito administrativo, por isso, não se aglutina – como ingenuamente

---

[26] Disse Alessi que "O poder estatal enquanto preordenado às finalidades de interesse coletivo e enquanto objeto de um dever jurídico em relação ao cumprimento delas, constitui uma função estatal" (ALESSI, Renato. *Sistema istituzionale del diritto amministrativo italiano*. 3. ed. Milão: Giuffrè, 1960. p. 2).

possam pensar administradores desmandados – em torno da noção de poder, mas congrega-se ao derredor da ideia de dever e – repita-se – de obsequiosa obediência às finalidades estipuladas no imperativo legal.

Deveras, como o Texto Constitucional estabelece que todo poder emana do povo, o poder que o agente administrativo maneja é colhido na fonte legislativa – representativa de nossa voz – e só é exercitável para atender ao nosso interesse (interesse do povo, da coletividade). O terceiro – o sujeito alheio ao administrador enquanto tal – é a coletividade em cujo proveito se exerce o poder. Este exercício apresenta-se como instrumento necessário para que o agente público se desincumba do dever de dar provimento à finalidade configurada pela lei como útil ao todo social. Eis por que o meneio do poder só é legítimo, só é válido, caso esteja de fato coincidente com a finalidade que lhe serve de justificação.

7. Sabe-se que também no direito privado existe função, conquanto seja muito mais rara, exatamente porque no direito privado rege sobranceira a ideia da autonomia da vontade. Daí remanescer-lhe espaço pequeno, restrito a alguns institutos. De revés, como no direito público a ideia retora é a de finalidade, nele é que a função exerce papel dominante. Sem embargo, no direito privado, toda vez que se põe em pauta instituto submisso à tônica de função, ninguém hesita em sacar as interpretações consequentes e apropriadas. Como já dito, quando são examinadas a tutela, a curatela ou o pátrio poder, a ninguém acudiria interpretar problemas surdidos ao propósito desta temática privilegiando os poderes do tutor, curador ou pai, ao invés de tomar em conta, acima de tudo, os interesses do tutelado, curatelado ou filho. Corretamente, todos entenderiam que os poderes que calham aos exercentes das funções em causa lhes assistem para a proteção dos interesses dos representados ou assistidos. É bem de ver que a finalidade da tutela, *e.g.*, não é a de compor poderes em prol de um dado sujeito – o tutor – mas apenas a de deferir-lhe meios necessários para bem resguardar os interesses do tutelado.

Pois bem, se é fácil perceber que assim é quando estão em pauta questões de direito privado, mais fácil ainda deveria sê-lo ante problemas de direito administrativo, no qual a ideia de finalidade reina absoluta e o caráter funcional da atividade dos agentes apresenta-se como uma constante jamais excepcionável, de sorte a evidenciar a natureza meramente instrumental dos poderes que manejam.

8. Curiosamente, entretanto, com alarmante frequência, no direito público perde-se esta perspectiva natural, inobstante a todos

ocorra espontaneamente adotá-la no direito privado, justamente onde o exercício de função é excepcional. Então, ao contrário do que seria de esperar, proliferam esquemas teóricos – e na conformidade deles, interpretações – que concorrem para fortalecer e exalçar exageradamente os "poderes" dos administradores públicos, as quase incontrastáveis prerrogativas da Administração, a olímpica imunidade das decisões tomadas a título de discrição administrativa e outras deformações da mesma estirpe. Posterga-se, destarte, a finalidade sob cujos auspícios existem os citados poderes, prerrogativas ou discricionariedade, com agravo manifesto aos interesses que a ordenação legal almejou tutelar. Tais deformações, entretanto, sofrem sua mais cabal contestação exatamente pela teoria do "desvio do poder", como causa de invalidade dos atos administrativos.

II – A teoria do desvio de poder

9. Se são procedentes as considerações feitas sobre a importância suprema da finalidade legal, como conformadora da atividade administrativa válida, nenhuma dificuldade existe para verificar que a teoria do desvio de poder não é senão concreta aplicação das noções até agora desenvolvidas. Com efeito, *entende-se por desvio de poder a utilização de uma competência em desacordo com a finalidade que lhe preside a instituição.*[27]

A paternidade da teoria do desvio do poder deve-se ao Conselho de Estado da França,[28] o que não significa que a compostura de tal vício, em tese, já não fosse reconhecível muito antes. Lembre-se que, em carta dirigida a Joaquim de Mello e Povoas, nomeado Governador da Província do Maranhão, em 1761, seu tio, Sebastião José de Carvalho e Melo, o Marquês de Pombal, entre outros sábios conselhos que lhe ditou, proferiu o seguinte: "A jurisdição que El-Rei confere a V. Exa. jamais sirva para vingar as suas paixões; porque é 'injuria' do poder

---

[27] É a seguinte sua clássica definição, nas palavras de André de Laubadère: "Há desvio de poder quando uma autoridade administrativa cumpre um ato de sua competência mas em vista de fim diverso daquele para o qual o ato poderia legalmente ser cumprido" (LAUBADÈRE, André de. *Traite élementaire de droit administratif*. 5. ed. Paris: LGDF, 1970. v. I. p. 502, n. 894).

[28] Foi em fevereiro de 1864, no *Arrêt Lesbats*, que o Conselho de Estado da França, pela primeira vez, admitiu o "desvio de poder" como uma das hipóteses em que cabia atacar o ato administrativo, no quadro dos recursos por "excesso de poder", designação genérica esta que abrange os vícios (a) de incompetência; (b) de forma; (c) de violação da lei e (d) de desvio de poder.

usar espada da justiça fora dos casos dela". *Injuria* significa *contra jus*, isto é, contra o direito. Naquela frase do estadista está resumido o conceito de desvio de poder: violação jurídica do poder legítimo, por usá-lo fora dos casos que o justificam, de molde a atender a objetivos diversos dos supostos na investidura dele. Aliás, para o meu mestre, Oswaldo Aranha Bandeira de Mello – que não é escoteiro neste ponto de vista, como bem o demonstra – o desvio de poder não é senão uma modalidade de "abuso de direito"; uma expressão deste vício na esfera pública,[29] donde suas raízes teóricas são muito longínquas.

Consiste, pois, no manejo de um plexo de poderes (competência) procedido de molde a atingir um resultado diverso daquele em vista do qual está outorgada a competência. O agente se evade do fim legal, extravia-se da finalidade cabível em face da lei. Em suma: falseia, deliberadamente ou não, com intuitos subalternos ou não, aquele seu dever de operar o estrito cumprimento do que a lei configurou como objetivo prezável e atingível por dada via jurídica.

Tratando-se, como se trata, de um comportamento que desgarra do fim legal, é, em suma, uma transgressão da lei. Por isso o controle jurisdicional do desvio do poder é um controle de estrita legalidade. De modo algum agride a margem de liberdade administrativa, isto é, a discrição que a lei haja conferido ao agente. A decisão que no Brasil apresentou-se como autêntico *leading case* é um acórdão do Tribunal de Justiça do Rio Grande do Norte – publicado na *Revista de Direito Administrativo*, n. 14, e comentada pelo insigne Vitor Nunes Leal – da qual foi relator o eminente Miguel Seabra Fagundes, publicista notável pelo imenso saber jurídico e pela probidade exemplar.

10. Note-se que só há falar em desvio de poder quando a autoridade possui, em tese, competência para prover sobre a matéria objeto do ato. Se mesmo abstratamente lhe falecessem poderes para decidir do modo como o fez, o vício no qual teria incorrido seria outro: pura incompetência *formal*, quando sequer desfrutasse do plexo de poderes para dispor sobre a questão versada ou simples transgressão da lei, caso dispondo dos poderes em pauta houvesse infringido competência vinculada por decidir de modo contrário ao que a lei impunha.

11. Sobremodo nos casos em que o desvio de poder é praticado conscientemente pela autoridade e tanto mais naqueles em que o faz

---

[29] BANDEIRA DE MELLO, Oswaldo Aranha. *Princípios gerais de direito administrativo*. 1. ed. Rio de Janeiro: Forense, 1969. v. I. p. 426 e segs.

por intuitos pessoais, de perseguição ou favoritismo, avulta a percepção de que o controle do ato é mero controle de legalidade. Com efeito, o agente tanto pode ofender a lei violando-a à força aberta, ou seja, pisoteando à boca cheia e sem recato as disposições normativas, caso em que agride ostensivamente o padrão legal, como pode fazê-lo à capucha, à sorrelfa, de modo soez, embuçado sob capuz de disfarce – para usar uma expressão de Hely Lopes Meirelles,[30] a pretexto de atender ao interesse público. Esta forma de proceder é mais grave, é mais perigosa ainda do que aquela que resulta de violação desabrida da lei. Por ser mais sutil, por vestir-se com trajes de inocência, é mais censurável. Revela uma conduta soez maculada pelo vício de má-fé. E o direito abomina a má-fé. Assim, é vício de particular gravidade. Sobre sê-lo, é, também, de especial periculosidade. Isto porque, se o Poder Judiciário, em face dele, mostrar-se excessivamente cauto, tímido ou, indesejavelmente, precavido em demasia contra os riscos de invasão do mérito do ato administrativo, os administrados ficarão à descoberto, sujeitos, portanto, a graves violações de direito que se evadam à correção jurisdicional.

III – Modalidades de desvio de poder

12. O vício de desvio de poder, como assentam os doutos, pode apresentar-se sob dupla modalidade.

Em *uma delas*, o agente administrativo, servindo-se de uma competência que em abstrato possui, busca uma finalidade alheia a qualquer interesse público. Neste caso, atua para alcançar um fim pessoal, que tanto pode ser de perseguição a alguém como de favoritismo ou mesmo para atender a um interesse individual do próprio agente. *Em outra modalidade*, manejando também uma competência que em abstrato possui, busca atender a uma finalidade pública que, entretanto, não é aquela própria, específica, da competência utilizada. Aí ter-se-á valido de uma competência inadequada, de direito, para o atingimento da finalidade almejada.[31]

---

[30] MEIRELLES, Hely Lopes. *Direito administrativo brasileiro*. 15. ed. atualizada pela Constituição de 1988. São Paulo: Revista dos Tribunais, 1990. p. 92.

[31] Jean Rivero preleciona: "1º O caso mais evidente de desvio de poder é a perseguição pelo autor do ato de um fim estranho ao interesse geral: satisfação de uma inimizade pessoal, paixão política ou ideológica [...] 2º Há desvio de poder quando o fim perseguido, se bem que de interesse geral, não é o fim preciso que a lei assinava a tal ato [...]" (RIVERO, Jean. *Droit administratif*. 2. ed. Paris: Dalloz, 1962. p. 223, n§ 260). Marcel Waline assim descreve a

Nesta segunda hipótese poderá suceder que a autoridade não tenha agido de má-fé: isto é, poderá ocorrer que haja equivocadamente suposto que a competência utilizada fosse prestante, de direito, para alcançar a finalidade visada, quando, em rigor de verdade, não o era. Nada importa: quer haja incidido em erro de direito, ao imaginar cabível o meneio da competência para um fim só objetivável por outra competência, quer haja deliberadamente se servido de uma competência imprópria, pretendendo com isto eximir-se de embaraços, dificuldades ou demoras que o estorvariam ou retardariam – se fora utilizada a competência pertinente –, haverá, do mesmo modo, incorrido em desvio de poder.

Em ambos os casos, considera-se maculado o ato. Entende-se que assim seja. Posto que as competências têm – na feliz expressão de Caio Tácito – "endereço" certo, não podem ser manejadas para um fim distinto daquele a que estão legalmente preordenadas, sem que, com isto, em última instância, seja violada a própria regra de competência. Haveria então desvirtuamento do poder, pois, ao contrário de sua razão de existir, não estaria ao serviço do cumprimento do específico dever que lhe corresponde e do qual é – consoante vimos – a contraface.

13. Deveras, no Estado de direito, é uma garantia para os cidadãos, não apenas a segurança de que o Poder Público só pode buscar as finalidades estipuladas nas leis, mas também a de que, ao buscá-las, ter de cingir-se à utilização de meios que o direito antecipadamente e adrede concebeu como sendo os adequados para o atingimento de cada uma delas.

Assim, se alguém dispõe de duas competências distintas, isto é, de habilitação para praticar atos diferentes, cada qual com sua finalidade própria, não pode fazer uso indiscriminado de seus poderes, servindo-se da competência que mais lhe apeteça pela prática do ato que, a seu grado, intente expedir. Terá de respeitar a índole de cada qual. Em suma: haverá de adscrever-se ao uso dos meios que o direito reputou

---

dupla compostura deste vício e sua consequência: "Enfim, a lei jamais d ao administrador poder de agir senão subentendendo: 'no interesse público'. O administrador desvia, então, seus poderes do fim legal se deles se vem a servir em favor de interesses puramente privados. Mas, há mais ainda: em numerosos casos de intenção do legislador, conferindo certos poderes à administração, é a de que esta os utilize, não em vista de qualquer interesse público, mas exclusivamente em vista de um fim bem determinado; neste caso, todo uso de um tal poder em vista de um fim, mesmo que de utilidade pública, diverso daquele que foi previsto e querido pelo legislador, é um desvio de poder; e é ainda um caso de nulidade do ato administrativo" (WALINE, Marcel. *Droit administratif*. 9. ed. Paris: Sirey, 1963. p. 451, n. 741).

correspondentes à finalidade almejada. Cada ato e, portanto, cada competência para praticá-lo são, pelas regras de direito, endereçados a uma dada finalidade; por isso não são intercambiáveis.

14. Cumpre, no Estado de direito, que os administrados estejam, de antemão, assegurados de que o proceder administrativo não lhes causará surpresas. E não as causará tanto porque outros fins, que não os estabelecidos em lei, estão vedados ao administrador, quanto porque estes mesmos fins só podem ser alcançados pelas vias previstas na regra de direito como as adequadas ao caso.

Alguns autores falam mesmo em nominalismo ou tipicidade dos atos administrativos, querendo significar o fato de que cada competência tem endereço certo, cada ato tem uma índole categorial própria, de tal sorte que não podem ser utilizados indiferentemente. Cabe dizer, com Caio Tácito, que "a regra de competência não é um cheque em branco".[32] Ela assinala seu próprio destino; ela presume uma específica direção e só pode ser utilizada perante determinadas circunstâncias.

IV – O desvio de poder e a regra de competência

15. Aliás, a bem considerar, poder-se-ia dizer que a totalidade dos vícios dos atos administrativos, em última instância, resolve-se em vício de incompetência, *se à competência se der uma acepção que tome em conta suas distintas facetas*. É claro que não se está a falar de competência em sentido formal, ou seja, concebida pura e simplesmente como um abstrato plexo de poderes, mas em competência no sentido material: no sentido de que, se alguém é investido de uns tantos poderes, não o é para atuá-los em quaisquer circunstâncias ou perante quaisquer fins ou segundo quaisquer formas, mas só o é para mobilizar ditos poderes ante determinadas circunstâncias, em vista de específicos fins e por meio de certas formas. Donde quem mobilizasse tais poderes fora das circunstâncias estabelecidas explícita ou implicitamente na lei, ou em desacordo com a finalidade legal ou mediante formas distintas das estabelecidas na regra de direito, estaria, em rigor de verdade, agindo fora da própria competência, isto é, *sem competência*.

16. Uma analogia permitirá melhor exibir a procedência da observação que se vem de fazer. Todos sabemos que nos comboios

---

[32] TÁCITO, Caio. *Direito administrativo*. São Paulo: Saraiva, 1975. p. 5.

ferroviários existem alavancas que, em ocasiões de emergência e, pois, para atender a certos objetivos, os passageiros podem acionar, visando a que o trem se detenha. Ninguém dirá, contudo, que, fora de circunstâncias emergenciais e para acudir a graves incidentes, os passageiros têm direito a mover estas alavancas. Todos entendem que tal direito depende da ocorrência delas. Ou seja: *que não existe* fora delas e fora da finalidade que lhe justifica a existência.

Em suma: todos entendem que *não há tal direito,* salvo quando acodem as razões que presidem sua razão de ser. Assim, também, *não há competência* – em última instância – senão quando concorrem todos os requisitos legais que lhe delineiam a concreta compostura.

O desvio de poder é tipicamente um caso em que o agente, por apartar-se do fim específico inerente ao poder que lhe estava condicionado, viola a regra de direito, alheia-se da fonte que o legitimava.

V – Desvio de poder alheio a qualquer finalidade pública

17. Se mesmo a busca de um objetivo lícito configura desvio de poder quando efetuada por meio impróprio, maiormente reconhecer-se-á este vício quando a competência é utilizada à margem de qualquer interesse público, para dar vazão a intuitos particulares de favoritismo ou perseguição.

Em tal caso, a autoridade pratica um ato administrativo movido pela amizade ou inimizade, pessoal ou política, ou até em proveito próprio. Não raro está impulsionada pelo propósito de captar vantagem indevida, angariar prosélitos ou cegada por objetivos torpes de saciar sua ira contra inimigos ou adversários políticos, buscando molestá-los ou, pior ainda, vergá-los a suas conveniências.

A vida administrativa brasileira, desgraçadamente, pode oferecer inúmeros exemplos desta nefanda modalidade de desvio de poder, muito comum por razões sectárias. Tanto assim é, que se põe – como comprovação indireta – a contingência legislativa de vedar, drasticamente, admissões, exonerações e remoções *ex officio* no período pré e pós-eleitoral. Há nisto um explícito reconhecimento de que ditas práticas, sobremodo vitandas, existiriam aos bolhões não fora pelas cautelas legislativas. Se estas não conseguem evitá-las, podem ao menos restringir em parte suas ocorrências. Coibindo-as, liminarmente nas épocas em que os ânimos políticos estão mais encandecidos, guardam a expectativa (tantas vezes frustrada) de que, fora deles, com o arrefecimento das paixões sectárias, os administradores se façam mais contidos.

18. O desvio de poder, com alheamento a qualquer finalidade pública, é um vício que encontra espaço para medrar precisamente quando o agente público está no exercício de *competência discricionária*. A doutrina caracteriza genericamente o desvio de poder como ilegitimidade específica desta categoria de atos nos quais a administração dispõe de certa liberdade. No desvio de poder, praticado com fins alheios ao interesse público, a autoridade, invocando sua discrição administrativa, arroja-se à busca de objetivos inconfessáveis. É bem de ver que o faz disfarçadamente, exibindo como capa do ato algum motivo liso perante o direito.

Trata-se, pois, de um vício particularmente censurável, já que se traduz em comportamento insidioso. A autoridade atua embuçada em pretenso interesse público, ocultando dessarte seu malicioso desígnio. Sob a máscara da legalidade, procura, à esconsa, alcançar finalidade estranha à competência que possui. Em outras palavras: atua à falsa-fé. Enquanto de público o ato se apresente escorreito, na verdade possui uma outra face que se forceja por ocultar, já que é constituída de má morte e orientada para escopos subalternos. Dele se pode dizer, com Caio Tácito, que "a ilegalidade mais grave é a que se oculta sob a aparência de legitimidade. A violação maliciosa encobre os abusos de direito com a capa de virtual pureza".[33]

Uma vez que esta forma de desvio de poder se manifesta por meio da intenção viciada, é ela que tem de ser investigada. Conquanto se trate, a nosso ver (em desacordo com o pensamento majoritário), de um vício *objetivo*, porque residente no objetivo descompasso entre a finalidade (algo objetivo) e a finalidade que o ato cumpre, de direito (algo também objetivo), é o desvio de intenção (fator subjetivo) que ocasiona a ocorrência do descompasso aludido.

19. É em razão deste feitio exterior irrepreensível, sob o qual se disfarça a ilegalidade, que o desvio de poder, sobretudo nestes casos, propõe óbvias dificuldades para ser demonstrado. Precisamente por ser um "sepulcro caiado", não é reconhecível senão quando se lhe desvenda a intimidade. Sempre que esteja em causa o desvio de poder praticado com alheamento a qualquer finalidade pública, descobre-se sua existência penetrando fundo nas intenções do agente faltoso, pois são elas que o denunciam.

---

[33] TÁCITO, Caio. *Direito administrativo*. São Paulo: Saraiva, 1975. p. 6.

É isto que, a uma só voz, registram os estudiosos de direito administrativo, reconhecendo que se impõe para o juiz a indeclinável tarefa de esquadrinhar as intenções do agente para conferir se o móvel que o inspirou a praticar o ato foi bem aquele que deveria impulsioná-lo ou se, pelo contrário, foi animado por intentos diversos. Francis-Paul Benoît anota que "[...] os móveis de um ato devem ser aqueles em consideração dos quais a competência, que lhe serviu de base, foi conferida a seu titular".[34]

O autor adverte, como de resto o faz toda a doutrina francesa, que móvel é o que impulsiona a vontade do agente, ou seja, sua intenção, algo subjetivo; inconfundível, pois, com o que se denomina motivo, na técnica do direito administrativo gaulês, a saber: pressuposto de fato, algo objetivo, que serve de base para o ato, isto é, situação ocorrente no mundo empírico tomada como o evento cuja existência justifica a providência a ser adotada.

VI – Desvio de poder praticado por agente que atua com vistas a uma finalidade legal

20. Já se disse, que tanto haverá desvio de poder quando a autoridade pratica um ato com objetivos alheios a qualquer interesse público (perseguição ou favoritismo) quanto nas hipóteses em que, embora buscando um interesse público, o faz mediante ato cuja destinação legal é diversa. Em tal caso a autoridade incorre em desvio de poder por haver-se valido de um meio jurídico inidôneo para servir ao fim que buscou, já que a via utilizada era – de direito – preordenada a satisfazer outro escopo normativo e não aquele para o qual foi manejado. Como diz Eduardo García de Enterría: "Os poderes administrativos não são abstratos, utilizáveis para qualquer finalidade; são poderes funcionais, outorgados pelo ordenamento em vista de um fim específico, com o que apartar-se do mesmo obscurece a fonte de sua legitimidade".[35]

Com efeito, cada ato expressivo de uma competência traz insculpido em si um destino correspondente àquela competência. Ora, cada competência só pode ser exercitada para alvejar os fins em vista dos

---

[34] BENOÎT, Francis-Paul. *Le droit administratif français*. Paris: Dalloz, 1964. p. 543, n. 940.
[35] GARCÍA DE ENTERRÍA, Eduardo; FERNÁNDEZ, Tomás-Ramón. *Curso de derecho administrativo*. 4. ed. Madrid: Civitas, 1983. t. 1. p. 442.

quais foi normativamente instituída; donde os atos consectários de uma competência não podem ser expedidos senão para atender às finalidades a ela inerentes. Daí serem viciados de desvio de poder os comportamentos administrativos que miram dado objetivo público por meio de atos cujos escopos, à luz do direito positivo, sejam os de servir outros objetivos públicos, distintos dos que foram colimados.

Não importa que o objetivo público visado pudesse ser alcançado por meio de outro ato, correspondente a outra competência. Se as condições do exercício de uma e outra eram distintas, a Administração não pode, em função de vantagens ou facilidades, manejar uma dada competência quando seria o caso de utilização da outra. Nestas hipóteses, diz-se, no direito francês que ocorre um *detournement de procedure*, isto é, um "desvio de procedimento".[36]

21. Repise-se que no Estado de direito é garantia do administrado saber que o Poder Público está adstrito não só aos fins que de antemão a lei elegeu como prezáveis, mas também aos meios que adrede categorizou como sendo os próprios para suprir as finalidades consideradas valiosas tanto mais porque, nos tempos modernos, rara é a finalidade que não se inclua dentro do campo de objetivos que o Estado se propõe a tutelar. Tais limitações não podem ser costeadas ou transgredidas. Portanto, se as autoridades – deliberada ou involuntariamente – fizeram inadequado uso das competências que detêm, incorrem em desvio de poder ao se servirem de um ato quando cabia apenas usar de outro.

Deveras, à lei não é indiferente que se use, para perseguir dado escopo, uma ou outra competência. Cada qual tem seu destino próprio. Cada "poder" – que uma competência administrativa exprime – nada mais é que a face reversa do dever específico de implementar certa finalidade legal. Mesmo quando se trata de buscar um objetivo juridicamente qualificado como prezável, cumpre fazê-lo pelo meio adrede definido pela lei como a via idônea para chegar a tal fim.[37]

---

[36] Cf. LAUBADÈRE, André de. *Traite élementaire de droit administratif*. 6. ed. Paris: LGDF, 1976. v. I. p. 561, n. 954 e LONG, Martin; WEIL, Prosper; BRAIBANT, Guy. *Les Grands Arrêts de la Jurisprudence Administrative*. 4. ed. Paris: Sirey, 1965. p. 22.

[37] Seabra Fagundes ensina que se a lei prevê que um dado ato deve ser praticado em vista de dada finalidade, outra não pode ser com ele buscada pelo agente, pois: "Não importa que a diferente finalidade com que tenha agido seja moralmente lícita. Mesmo moralizada e justa, o ato ser inválido por divergir da orientação legal" (FAGUNDES, Miguel Seabra. *O controle dos atos administrativos pelo Poder Judiciário*. 5. ed. Rio de Janeiro: Forense, 1979. p. 72-73).

22. É, pois, a regra de direito que elege a competência certa para alvejar esta ou aquela finalidade. O administrador – sujeito que, por definição, não é proprietário – carece da possibilidade de conduzir a coisa pública em termos distintos dos que foram fixados pelo *dominus* para o meneio dos interesses que lhe pertencem. O *dominus*, no Estado de direito, é a coletividade, o povo, fonte de todos os poderes conforme expressa dicção do art. 1º, §1º da Carta do país, e sua vontade comandante é exprimida pelo Poder Legislativo, ao qual cabe dispor sobre "todas as matérias" (art. 43 da Lei Maior). É o Legislativo quem institui as competências, e como apostilou com invejável precisão Caio Tácito, mestre cujas lições em tema do controle do ato administrativo nunca serão assaz louvadas:

> A destinação da competência do agente preexiste à sua investidura. A lei não concebe a autorização de agir sem um objetivo próprio. A obrigação jurídica não é uma obrigação inconseqüente: ela visa a um fim especial, presume um endereço, antecipa um alcance, predetermina o próprio alvo. Não é facultado à autoridade suprimir essa continuidade, substituindo uma finalidade legal do poder com que foi investido, embora pretendendo um resultado materialmente lícito.
>
> A teoria do desvio de poder teve o mérito de focalizar a noção do interesse público como centro da legalidade do ato administrativo. A administração está obrigada, no exercício de suas atividades, a cumprir determinados objetivos sociais e, para alcançá-los, obedece a um princípio de *especialização funcional*: a cada atribuição corresponde um fim próprio que não pode ser desnaturado.[38]

VII – Exemplário de desvio de poder

23. Sabe-se que, infelizmente, no Brasil, casos de desvio de poder existem aos racimos, ao ponto de poder-se imaginar que sejamos expoentes nesta matéria. Sem embargo, estas manifestações patológicas do exercício da autoridade pública ocorrem em toda parte. A doutrina alienígena tem-se debruçado com frequência sobre o tema e os repertórios de jurisprudência estrangeiros nos dão notícia da universalidade desta anomalia. Nem existiriam tantos estudos sobre ela nem tantas decisões jurisprudenciais se não fora fenômeno corrente.

---

[38] TÁCITO, Caio. *Direito administrativo*. São Paulo: Saraiva, 1975. p. 80-81 (grifos do original).

Vejamos alguns exemplos colhidos na jurisprudência do Conselho de Estado da França e noticiados pela doutrina, já que foi neste país que se desenvolveu a teoria do desvio de poder. Citam-se, como tais, a reiteração de punições a um guarda campestre procedidas por mera vingança do Chefe da Comuna; regulamentação draconicamente restritiva de bailes públicos para prevenir concorrência ao estabelecimento do próprio Chefe da Comuna; recusa a uma sociedade esportiva de autorização para desfilar em via pública e deferimento, em seguida, a uma sua concorrente, com o fito de favorecer esta última; limitação do uso de via pública para diminuir as despesas de manutenção dela; proibição de uma procissão por anticlericalismo; proibição a frequentadores de praia de se trocarem, salvo nas cabinas públicas pagas, ali instaladas, estabelecida não por razões de decoro público, mas para incrementar as receitas da Comuna; adoção de procedimento de alinhamento da via pública, em vista de ampliar áreas, com o fito de evitar o procedimento oneroso da desapropriação; destituição de um funcionário comunal, por perseguição política, a pretexto de reorganização administrativa etc.[39]

24. Entre nós, não é raro o uso da remoção como forma de sancionar um funcionário descumpridor de seus deveres, quando a finalidade deste instituto é a de preencher claros de lotação e não a de punir servidor faltoso, para não mencionar as hipóteses em que a remoção é utilizada como meio para prejudicar adversários políticos ou para perseguir inimigos. Também ocorre, sobretudo na área fazendária, a adoção de expedientes que visam dificultar eventual defesa de direitos dos administrados, como, *v.g.*, exarar atos firmados por autoridades superiores, sediadas em Brasília, não seguidos de atos de autoridades locais, com o objetivo de atrair a competência para o foro de Brasília, dificultando a impetração de mandado de segurança nas próprias unidades federadas.

Os casos de desvio de poder no país são incontáveis e parecem assentar-se na concepção ingênua, até mesmo primitiva, de que as autoridades, sobretudo as investidas em cargos políticos, são como que "donas" dos poderes públicos enquanto titularizam ditos cargos. Assim, são corriqueiras e feitas de público, ameaças de utilização das próprias

---

[39] Cf. ao respeito, DEBBASCH, Charles. *Contentieux administratif*. Paris: Dalloz, 1975. p. 728-729, n. 794, WALINE, Marcel. *Droit administratif*. 9. ed. Paris: Sirey, 1963. p. 481, n. 795 ou LONG, Martin; WEIL, Prosper; BRAIBANT, Guy. *Les Grands Arrêts de la Jurisprudence Administrative*. 4. ed. Paris: Sirey, 1965. p. 21 e segs.

competências, para "retaliar" adversários políticos ou opositores que, no uso regular de competências públicas em outras esferas (como as estaduais ou municipais) ou como cidadãos resistem às orientações políticas do Governo Federal as quais, muitas vezes, padecem de ilegitimidade gritante ou escandalizam pela tolice, sobretudo nos dias que correm.

VIII – O desvio de poder e o vício de intenção

25. É usual a assertiva de que no desvio de poder há um vício de intenção. Convém recebê-la com cautela.

Realmente, é comum que no desvio de poder haja um móvel incorreto. Esta intenção defeituosa geralmente resulta de propósitos subalternos que animam o agente, como, conforme já dito, os de vingança ou perseguição por sentimentos pessoais ou políticos, por interesses sectários ou então por favoritismo, em prol de amigos, correligionários, apaniguados ou até mesmo para satisfazer o proveito individual do próprio autor do ato.

Outras vezes, o vício de intenção não procede da busca de finalidades mesquinhas. Deriva de uma falsa concepção do interesse público. Nestes casos, o sujeito do ato não está animado de interesses pessoais ou facciosos, contudo, desnatura a finalidade da própria competência ao praticar atos visando objetivos que não são os próprios da providência adotada, ou seja, que não coincidem com a finalidade legal específica. É dizer: com o fito de costear embargos, tornar mais expedita a ação administrativa, ladear obstáculos que se anteporiam se fosse se valer do ato adequado direito à hipótese ou simplesmente por considerar que a medida incorretamente eleita produz melhores resultados para atender ao objetivo público do que aquela que a lei previu para suprir tal finalidade, o administrador prefere adotar providência que, embora prevista na ordem jurídica, não é, à face da lei, a via idônea para atender ao objetivo almejado.

26. Em todas estas hipóteses o autor do ato conscientemente rebela-se contra a lei, pois pretende sobrepor seu juízo pessoal ao juízo legislativo. Insurge-se contra o esquema de garantias do administrado, modelo que exige – como reiteradamente se tem insistido – não apenas adscrição aos fins legais previamente estatuídos, mas também sujeição às vias adrede estabelecidas para alcançá-los. Nestes casos de evasão à específica finalidade pública do ato, haverá, na expressão feliz de Oswaldo Aranha Bandeira de Mello, um "desnaturamento do instituto

jurídico", por não se conformar, como diz o citado mestre, à categoria própria do ato.[40]

Finalmente, também há vício de intenção que desemboca em desvio de poder quando o agente, ao produzir o ato, o faz compondo-o propositalmente de maneira a forjar empeços, dificuldades, incômodos adicionais à defesa do administrado ou à alegação de direitos em sede administrativa ou jurisdicional. É bem de ver que a expedição de ato nestas condições não está ajustada à finalidade própria dele. Responde a uma falsa noção de interesse público considerar que sua busca justifica o pisoteamento de outros direitos – como o de defesa ampla, do respeito à lealdade e boa-fé – igualmente confortados no sistema normativo.

27. Ora bem, ao lado destes casos em que há intenção viciada por parte do autor do ato, não se podem descartar hipóteses em que o agente, *sem nenhuma intenção de evadir-se à finalidade legal, sem qualquer móvel incorreto*, ainda assim incide em desvio de finalidade, ao valer-se de um dado ato que não era, categorialmente, o próprio para alvejar o fim buscado. Haverá também aí utilização desviada do poder. Isto sucede quando o sujeito supõe, incorretamente, que dada competência é prestante de direito para buscar certa finalidade, quando deveras não o é. Existirá um erro de direito, por força do qual o agente, ao servir-se de um certo ato, o faz desnaturando-o, pois vale-se dele em desacordo com a finalidade que a lei lhe insculpiu como própria. Isto é o quanto basta para revelar ser errônea a inteligência dominante de que o desvio de poder é um vício de intenção, um vício subjetivo. Não é. É um vício objetivo, pois resulta do objetivo descompasso entre a competência utilizada e o fim categorial dela. O defeito na intenção, quando existente, denuncia a ocorrência do objetivo desencontro com a finalidade legal, mas é a resultante – o objetivo desencontro com a finalidade legal – aquilo que faz inválido o ato.

Tome-se o exemplo, dantes mencionado, da remoção de funcionário efetuada com intentos sancionadores. Haverá desvio de poder, por desvirtuamento da finalidade específica do ato de remoção, quer tivesse o agente consciência de que o ato em apreço era inidôneo para o objetivo que buscava, qual seja, o de punir um funcionário faltoso (intenção de burlar a lei regedora da competência exercitada), quer houvesse *equivocadamente, suposto que a remoção é medida sancionadora* e

---

[40] BANDEIRA DE MELLO, Oswaldo Aranha. *Princípios gerais de direito administrativo*. 2. ed. Rio de Janeiro: Forense, 1979. v. I. p. 432 e especialmente 434.

por isso apta a ser utilizada perante a situação em causa (ausência de intuito de desvirtuar a competência). Em suma: em uma e outra hipótese terá havido, do mesmo modo, desvio de poder, nada obstante em uma delas haja ocorrido propósito de extraviar-se do fim legal concernente à competência utilizada e em outro, pelo contrário, haja ocorrido intenção de aplicar corretamente a lei.

Em suma, este uso impróprio de uma competência, tendo em vista alcançar um fim público, pode ocorrer como fruto de: (a) uma consciente (e injurídica) opção pela via inadequada; (b) uma inconsciente (e igualmente injurídica) adoção da via imprópria, por supô-la adequada ao caso, quando deveras não o era.

28. Ora, o simples fato de haver casos de desvio de poder nos quais não se pode inquinar de viciosa a intenção do agente obriga às seguintes conclusões:

   a) desde logo é impossível generalizar a afirmação de que o desvio de poder é um vício de intenção; quando muito poder-se-ia tentar caracterizá-lo como tal apenas nas hipóteses (as mais comuns, reconheça-se) em que o agente atua por favoritismo, por perseguição (sem buscar qualquer escopo público) ou com o propósito deliberado de usar uma competência inadequada ainda que para buscar objetivo público;

   b) igualmente e pelos mesmos fundamentos não se pode generalizar para todas as hipóteses de desvio de poder a suposição de que a prova do desvio de poder depende de móvel incorreto do autor do ato;

   c) conquanto o desvio de poder seja vício apontado como específico dos atos exercidos por ocasião de competência discricionária, não são de excluir hipóteses de sua ocorrência – certamente muito raras – perante situações nas quais a conduta do agente se realiza sob a égide de norma cuja linguagem sugira vinculação. Figuremos dois exemplos.

Suponha-se norma – tal qual a antiga lei prussiana, referida por Jelinek e já por nós mencionada – segundo cujos termos a autoridade policial esteja obrigada a dissolver bandos de ciganos. Agregue-se-lhe um parágrafo único, dispondo: "Considera-se bando o agrupamento de 15 ou mais ciganos". Pois bem, imagine-se que um agente policial se defronte com um grupo de 15 ciganos, os quais, entretanto, conforme se verifique no caso, sejam um casal, seus 12 filhos e a mãe do chefe da família. Se o agente policial determinar a dissolução do grupo estará incidindo em desvio de poder (apesar da dicção da norma exequenda), sobreposse se a Constituição vigente contiver dispositivo análogo ao da brasileira, estabelecendo que o Estado protegerá a família (art. 226). Não sendo finalidade da regra repressiva em causa desagregar um núcleo familiar, o ato que o dissolvesse corresponderia à "utilização de uma competência com fim diverso daquele em vista do qual foi instituída", ou seja, incidiria em desvio de poder.

Consideremos uma segunda hipótese. Suponha-se lei que, em linguagem desatada, estatua: "É terminantemente proibido o ingresso de veículos automotores no perímetro central da cidade". Imagine-se que dentro deste perímetro alguém sofre um enfarte em plena rua. Se, ante a gravidade e urgência da situação, um médico pretender ali ingressar com seu automóvel, transportando equipamento instalado no veículo para socorrer emergências da espécie, certamente deverá ser-lhe facultado o ingresso com seu automóvel no perímetro central vedado a veículos automotores. Se o agente público responsável pelo trânsito o impedir, sob a alegação de que está a cumprir uma regra que não lhe deixa alternativa, incidirá em desvio de poder. Com efeito, inequivocamente, apesar dos termos peremptórios da norma, não haverá sido finalidade dela gerar embaraços no caso de situações extremas como a indicada. A "lógica do razoável", tão encarecida – com justa razão – por Recasens Siches, impõe a adoção de conduta afinada com uma intelecção fiel à finalidade da regra. Logo, se o agente não o fizer, estará utilizando a competência para finalidade distinta daquela em vista da qual foi instituída. De conseguinte, incorrerá em "desvio de poder".

IX – Desvio de poder: vício objetivo

29. O que o direito sanciona no desvio de poder, consoante entendemos, é sempre o objetivo descompasso entre a finalidade a que o ato serviu e a finalidade legal que por meio dele poderia ser servida. É, pois, um desacordo entre a norma abstrata (lei) e a norma individual (ato). Como a norma abstrata é fonte de validade da norma individual, se esta (ato) não expressa, *in concreto*, a finalidade daquela (lei), terá desbordado de sua fonte de validade. Daí o ser inválida.

Percival Julio Vaz Cerquinho desenvolve com muita segurança a tese, observando que intenção defeituosa do agente "não é tomada de *per si* [...] mas sim como índice da desconformidade entre o que a norma geral autoriza e a norma individual produzida".[41]

Então, mesmo nos casos em que o agente atuou sem a reta intenção de atender à lei, seu comportamento é fulminável, não porque teve o intuito de desatender à lei, mas porque lhe desatendeu. Donde, não é a má-fé, nos casos em que haja existido (desvio de poder alheio a qualquer interesse público), nem o intuito de alcançar um fim lícito, por meio impróprio, quando haja sido este o caso (desvio do fim específico), aquilo que macula o ato e sim a circunstância de este não realizar a finalidade para a qual a lei o preordenara. É que, no direito público, a satisfação do escopo sobreleva a boa ou má intenção do sujeito que pratica o ato. Se lhe atendeu com bons ou maus propósitos, nada importa. Se lhe desatendeu com intentos lisos ou incorretos, praticou, igualmente, uma ilegalidade e o ato não pode prosperar.

30. Poder-se-á supor que tal asserção levará a tornar incorrigível o desvio de poder na maioria dos casos. É que o agente geralmente dispõe de competência discricionária ao praticar ato incurso neste vício. Não se terá então como exibir – mais que isto – *não se terá sequer como saber* se o ato efetivamente discrepou do fim legal, nos casos de intenção viciada, já que, em tese, tal ato poderia ser praticado com reta intenção em vista daquele mesmo fim a que foi preposto. A objeção seria realmente irretorquível – e o desvio de poder convertido em concepção quase carente de utilidade – não fora pela solução a seguir indicada que é, a nosso ver, a única capaz de explicar logicamente a invalidade dos atos eivados de desvio de poder e ao mesmo tempo inibir a consequência prática de torná-lo inaplicável na maioria dos casos. A saber: o que faz inválido o ato nestes casos é efetivamente seu descompasso com o escopo legal, porém tal descompasso é *deduzido* do fato de o agente não haver direcionado sua conduta ao escopo devido. Em rigor, haverá presunção, *juris et de jure*, de que a intenção incorreta desemboca em desacordo do ato com seu fim próprio.

O *vício subjetivo* não é a razão jurídica pela qual o ato é invalidado, mas é a razão bastante para depreender-se que, por força dele, *se desencontrou com a finalidade a que teria de aceder*. Com efeito, se a lei pretendia que o agente mirasse certo alvo e ele não o fez, pois apontou para meta distinta, não é de crer que haja *casualmente* acertado,

---

[41] CERQUINHO, Vaz Percival Julio. *O desvio de poder no ato administrativo*. São Paulo: Resenha Tributária, 1977. p. 28.

sobreposse quando agiu de má-fé. Antes, é de supor que mirando mal não atingiu o que teria de atingir. Além disso, uma vez existindo nutrida dúvida sobre haver ou não sido atendido o fim legal, não se haverá de dirimi-la, por presunção, adotando critério interpretativo que redunde em prestigiar a má-fé. Pelo contrário, a conclusão mais certeira, por afinada com princípios gerais de direito, é a que a repele. Então, procede concluir que a intenção viciada redunda em extravio de finalidade.

31. Ademais, o objetivo desacordo com a lei evidencia-se também por outro ângulo. É que, se o agente dispunha de discrição, por certo não era para agir segundo seus humores. O que a lei exigia dele era que avaliasse *in concreto* a situação com o fim específico de bem atender ao escopo legal. Ora, isto é precisamente o que o autor do desvio de poder impulsionado por intenção viciada não faz. Faz o oposto: posterga a análise concreta da situação, desconsidera a finalidade que a lei prevê para o ato e procura satisfazer desígnios próprios. Tem-se, pois, que simplesmente não realiza o que a lei lhe impunha. Uma vez que a lei lhe impunha dado procedimento, por considerar ser *por meio dele* que se conseguiria localizar, no caso concreto, a providência *capaz de atender à finalidade legal*, não há como considerá-la atendida se o autor do ato não seguiu o *iter* subjetivo suposto pela lei como imprescindível para reconhecimento da medida identificada com o fim legal.

32. Foi dito ainda que o vício teleológico é tomado, em tais situações, como resultado de uma presunção *juris et de jure*. Isto porque, se o agente exercitava discrição e era, deveras, impossível descobrir no conteúdo do ato em si mesmo seu encontro ou desencontro com o fim legal, nada colheria tentar demonstrar que a providência era adequada ao escopo da lei, pois o juiz não poderia conhecer do "mérito" do ato. Só o próprio agente do ato estaria titulado para apreciar aspectos insuscetíveis de redução a um juízo objetivo. Logo, sob o ponto de vista lógico, a argumentação defensiva da oportunidade da medida não teria possibilidade de ser juridicamente conhecida pelo Poder Judiciário.

X – Desvio de poder por omissão

33. Não é logicamente repugnante a hipótese de desvio de poder por omissão. Com efeito, bem o disse Afonso Rodrigues Queiró: "não agir é também agir (não autorizar é decidir não autorizar)". Ou pelo menos assim o será em inúmeros casos. Tem-se, pois, que o agente

administrativo pode decidir abster-se de praticar um ato que deveria expedir para correto atendimento do interesse público, animado por intuitos de perseguição, favoritismo ou, de todo modo, objetivando finalidade alheia à da regra de competência que o habilitava.

Sirva de exemplo uma curiosa hipótese ocorrida em um município de São Paulo. Dado prefeito firmou contrato de prestação de serviço com certa empresa. Nele se estipulou que o contrato se prorrogaria automaticamente por igual período se a prefeitura, ao cabo do prazo contratual, deixasse de declará-lo findo. Vencido o prazo, o prefeito – que à época já estava à beira da conclusão de seu mandato – omitiu-se em dar por encerrado o contrato, propiciando destarte sua prorrogação. Quinze dias depois, às vésperas de deixar o cargo, rescindiu o contrato sob mera alegação de conveniência administrativa, com o que ensejou a operatividade de cláusula contratual que previa indenização ao contratante por todo o período remanescente (28 meses), tornado frustro em caso de rescisão unilateral. Em rigor, foram dois comportamentos administrativos (um omissivo e um comissivo) que geraram o benefício para o contratado. Manifestamente – como resultou da sequência dos fatos – não havia interesse na continuidade do vínculo contratual. O segundo ato, a rescisão unilateral, era necessário para benefício do contratante e valeu como demonstração de que o comportamento anterior (a omissão em dar por extinto o contrato) é que ocorrera em desacordo com o interesse público. A extinção do contrato já era conveniente ao termo do vínculo precedente. Esta conjugação de uma omissão e de um ato, compondo um quadro de favoritismo, não prosperou, porque o Tribunal de Justiça do estado, em acórdão proferido pela Nona Câmara na Apelação Cível nº 111/645-2, sendo relator o Desembargador Jorge Celidonio, denegou a indenização postulada pelo contratado, fundando-se na teoria do desvio de poder.

XI – Desvio de poder em atos legislativos e jurisdicionais

34. O desvio de poder não é invalidade específica dos atos administrativos. Por ser, como visto, a utilização de uma competência fora da finalidade em vista da qual foi instituída, também pode irromper em leis expedidas com burla aos fins que constitucionalmente deveriam prover. Assim, *e.g.*, configuraria desvio de poder a extinção legislativa de cargos públicos decidida com o fito de frustrar decisão judicial que

neles reintegrara os anteriores ocupantes. Uma vez que existe no Brasil o controle da constitucionalidade das leis, por via direta ou *incidenter tantum*, seria cabível fulminar-lhe o efeito malicioso.

35. Na esfera jurisdicional, vale como exemplo de desvio de poder o comportamento de juiz de Tribunal que, não tendo seu voto acompanhado pelo terceiro julgador, ao perceber a inutilidade dele para fins de decidir o pleito no sentido de seu pronunciamento, resolve reconsiderá-lo e adere aos dois outros com o objetivo específico de obstar a interposição de embargo, objetivando maior fluência na prestação jurisdicional. O caso não é hipotético. Já ocorreu, certa feita, explícita manifestação de um julgador que expôs precisamente ser esta a razão pela qual mudava de voto. É claro que – antes de encerrado o julgamento – poderia rever sua posição original, se houvesse se convencido da tese oposta. Nunca, porém, lhe assistiria fazê-lo com o propósito de inibir a utilização de uma via processual, coartando direito do litigante, tanto mais se estava convencido da procedência dele.

36. Vê-se, pois, que o desvio de poder é vício que pode afetar comportamento oriundo das funções típicas de quaisquer do poderes, já que, no Estado de direito, as competências públicas não são "propriedade" de seus titulares, mas simples situações subjetivas ativas, compostas em vista da satisfação dos fins previstos nas normas superiores que lhes presidem a instituição. O descompasso teleológico entre as finalidades da regra de competência – qualquer que seja ela – e as finalidades do comportamento expedido a título de cumpri-la maculam a conduta do agente, viciando-a com o desvio de poder.

XII – A prova do desvio de poder

37. Tem a doutrina assinalado, com inteira procedência, que não é fácil surpreender o vício de desvio de poder, de molde a capturá-lo nas malhas do Judiciário, notadamente quando o agente procede com insídia, por estar animado dos intuitos de perseguição ou favoritismo. Com efeito, é preciso, de um lado, identificar a má intenção e, de outro, fazer-lhe a prova. Ressaltam os estudiosos que, de regra, quem age mal-intencionado procura cintar-se de cautelas, precatando-se contra os riscos de exibir ou entremostrar sua incorreção. Daí que procura disfarçar o vício, cercando-se de pretensas justificativas para o ato, a fim de encobrir-lhe a mácula.

Jean Rivero expressa bem esta dificuldade dizendo: "A segunda dificuldade se situa no terreno da prova. A intenção é um elemento psicológico, difícil de ser determinada, salvo quando o autor se explica abertamente o que ser tanto mais raro quanto mais inconfessável for ela".[42]

Waline sublinha com maior rigor esta dificuldade averbando:

> Mas, o que ainda é mais difícil é conhecer a verdadeira intenção do autor de um ato cuja legalidade é discutida: com efeito, quando uma autoridade administrativa comete um desvio de poder ela está freqüentemente de má-fé; sabe muito bem que traiu a intenção do legislador; assim, não tem a ingenuidade de indicar as razões inconfessáveis que inspiraram seu ato; dissimula seus verdadeiros móveis que o juiz deve procurar, em vista de todas as circunstâncias em que o ato foi praticado; e esta prova é difícil de fazer-se.[43]

É tendo em conta esta particularidade que o Poder Judiciário dever enfrentar tal vício, armando-se com olhos de lince e dispondo-se a investigar fundo a etiologia do ato. Sobremais, haverá de esquivar-se a rigorismos para dar como estabelecida sua demonstração.

38. Não obstante ressaltem as dificuldades de prova, os autores acentuam também que, por força mesmo da compostura esquiva deste vício, a exigência probatória não poderia ser levada a rigores com ele incompatíveis, sob pena de inviabilizar-se o controle jurisdicional destas condutas viciadas. O mesmo Jean Rivero já citado esclarece que inicialmente o Conselho de Estado – órgão jurisdicional francês para lides administrativas, como se sabe – exigia que o desvio de poder resultasse do ato em si mesmo, vindo ao depois a evoluir e admitindo que sua demonstração provenha de elementos vários, como: "outras peças escritas, circunstâncias nas quais se produziu o ato, inexatidão dos motivos alegados que deixam transparecer o motivo verdadeiro etc.". E conclui que o Conselho de Estado: "Procura menos uma prova manifesta que uma convicção, a qual pode resultar de um feixe de indícios convergentes".[44]

É rigorosamente igual a orientação tomada na Espanha, conforme nos dá notícia o eminente e fulgurante Eduardo García de Enterría:

---

[42] RIVERO, Jean. *Droit administratif*. 2. ed. Paris: Dalloz, 1962. p. 224, n. 261.
[43] RIVERO, Jean. *Droit administratif*. 2. ed. Paris: Dalloz, 1962. p. 481, n. 795.
[44] RIVERO, Jean. *Droit administratif*. 2. ed. Paris: Dalloz, 1962. p. 224, n. 261.

Facilmente se compreende que esta prova não pode ser plena, já que não é presumível que o ato viciado confesse expressamente que o fim que o anima é outro, distinto do assinalado pela norma. Consciente desta dificuldade, assim como a de que a exigência de um excessivo rigor probatório privaria totalmente de virtualidade a técnica do desvio de poder, a melhor jurisprudência costuma afirmar que para que se possa declarar a existência deste desvio "é suficiente a convicção moral que se forme o Tribunal" (Decisão de 1º de dezembro de 1959) à vista dos fatos concretos que em cada caso resultem provados, conquanto não bastem "meras presunções nem suspicazes e especiosas interpretações do ato da autoridade e da oculta intenção que o determina" (Decisão de 7 de outubro de 1963).[45]

Agustín Gordillo, expressão pinacular do direito administrativo latino-americano, também adverte que o necessário é encontrar "provas indiciárias ou elementos circunstanciais", uma vez que raramente no próprio ato, como em sua motivação, é que apareceria o vício. Donde a prova, de regra, ter de resultar de um conjunto de circunstâncias exteriores ao ato.[46] Observa que o autor do desvio de poder "deixa rastros de sua conduta", que são demonstráveis por prova documental, testemunhal ou indiciária.[47]

39. Concorrem para identificar o desvio de poder fatores como a irrazoabilidade da medida, sua discrepância com a conduta habitual da Administração em casos iguais, a desproporcionalidade entre o conteúdo do ato e os fatos em que se embasou, a incoerência entre as premissas lógicas ou jurídicas firmadas na justificativa e a conclusão que delas foi sacada, assim como antecedentes do ato reveladores de animosidade, indisposição política ou, pelo contrário, de intuitos de favoritismo. Até mesmo a conduta pregressa do agente, reveladora de temperamento descomedido, vindicativo ou proclive a apadrinhamentos e compadrios políticos, pode acudir para compor um quadro que, em sua globalidade, autorize a reconhecer desvio de poder. Em rigor é o plexo de elementos antecedentes do ato que propicia rastrear seu ânimo impulsor ensanchando que se forme ou não a "convicção moral" sobre o extravio em relação ao fim a que deveria atender. Por isso

---

[45] GARCÍA DE ENTERRÍA, Eduardo; FERNÁNDEZ, Tomás-Ramón. *Curso de derecho administrativo*. 4. ed. Madrid: Civitas, 1983. t. 1. p. 443-444.
[46] GORDILLO, Agustín. *Tratado de derecho administrativo*. Buenos Aires: Macchi, 1975. t. 1. p. 33. Cap. 8, Parte General.
[47] GORDILLO, Agustín. *Tratado de derecho administrativo*. Buenos Aires: Macchi, 1975. t. 1. p. 25. Cap. 9.

mesmo, de revés, não ser a mera alegação deste vício, acompanhada de elementos frágeis ou de algum indício fluido ou suspeitas de imprecisa consistência, que autorizarão concluir pela existência de um "feixe de indícios convergentes" ou de elementos que robusteçam a aludida convicção dos julgadores.

40. Em síntese: para detectar o desvio de poder estranho a qualquer interesse público, cumpre analisar todo o conjunto de circunstâncias que envolve o ato, verificando-se, assim, se a discricionariedade alegável foi bem usada ou se correspondeu apenas a um pretexto para violar o fim legal e saciar objetivos pessoais.

Para tanto, examinam-se seus antecedentes, fatos que o circundam, momento em que foi editado, fragilidade ou densidade dos motivos que o embasam, ocorrência ou inocorrência de fatores que poderiam interferir com a serenidade do agente, usualidade ou excepcionalidade da providência adotada, congruência do ato com anterior conduta administrativa e até mesmo características da personalidade do agente exibidas em sua atuação administrativa. Com efeito, trata-se de colher "um feixe de indícios convergentes", na expressão já referida de Rivero, capazes de autorizar a "convicção moral do tribunal", a que aludiu García de Enterría, reportando-se à decisão jurisdicional espanhola.

É óbvio que tal convicção forma-se segundo o senso comum, de homens normais, capazes de avaliar, diante de uma dada realidade concreta, imersa na realidade administrativa de seu país, estado, município e governantes, se dada conduta revela, à face das circunstâncias reais do caso, intenção de cumprir normalmente a lei, provendo uma necessidade administrativa, ou se, de revés, trai o homem com suas paixões, favoritismos ou vinganças, buscando fins alheios aos da norma que executa.

Assim não se haver de acolher alegação de desvio de poder em ato que, inobstante afete desfavoravelmente notório adversário político ou inimigo pessoal do agente, haja sido expedido em circunstâncias rotineiras, reproduzindo decisões análogas precedentes, discricionariamente tomadas; tanto mais se a autoridade que o praticou tem revelado, em sua conduta administrativa pregressa, serenidade e deferência para com as leis. Reversamente, se o ato inquinado foi expedido em circunstâncias insuetas, contemporaneamente ou logo de seguida a um antagonismo entre as partes, e a providência discricionária, em face dos precedentes administrativos, é incomum em sua especificidade, concorrem com nitidez veementes indícios de desvio de poder, sobreposse ante autoridades sabidamente temperamentais e que já se tenham mostrado pouco reverentes com as leis.

41. A título de consideração postrema, ressalte-se que a investigação jurisdicional do desvio de poder em nada agrava a discricionariedade do agente administrativo. Não afeta o "mérito" do ato. Corresponde a um estrito exame de legalidade, pois "El vicio de desviación de poder es un vicio de estricta legalidad", como anotou García de Enterría.[48]

Bem observa a doutrina que a legalidade de um ato não resulta apenas de elementos reconhecíveis em seus aspectos externos. Obedecer à lei não é homenagear-lhe a forma, mas reverenciar-lhe o conteúdo. Logo, o Poder Judiciário, para conferir se um ato administrativo é legítimo, não se pode lavar de aprofundar seu exame até a intimidade do ato.

Nisto não há ofensa à liberdade que o agente dispõe no exercício de discrição, pois esta o agente a possui tão só para poder atender, deveras, àquilo que a lei almeja no caso concreto. Donde, não há discrição e sim ilegalidade quando o agente se desvia do fim legal.

Cumpre não deificar esta "liberdade administrativa", pois na província da relação de administração, como inicialmente se enfatizou, não está em pauta um poder de "livre autodeterminação" (que é a essência da "autonomia da vontade", no direito privado), mas um "dever de cumprir a finalidade legal".

Segue-se que não existe liberdade administrativa para atuar em descompasso com esta finalidade. Donde, averiguar se o agente administrativo operou de maneira idônea para buscar tal finalidade é o mínimo que se pode esperar seja da alçada do Poder Judiciário para que este cumpra sua função própria.

XIII – Desvio de poder e mérito do ato

42. O "mérito" do ato administrativo não pode ser mais que o círculo de liberdade indispensável para avaliar, no caso concreto, o que é conveniente e oportuno à luz do escopo da lei. Nunca ser liberdade para decidir em dissonância com este escopo.

Por tal razão, extrapolam o mérito e maculam o ato de ilegitimidade os critérios que o agente adote para decidir-se que não

---

[48] GORDILLO, Agustín. *Tratado de derecho administrativo*. Buenos Aires: Macchi, 1975. t. 1. p. 25. Cap. 9.

tenham sido idoneamente orientados para atingir o fim legal. É o que se passa naqueles: (a) contaminados por intuitos pessoais – pois a lei está a serviço da coletividade e não do agente; (b) correspondentes a outra regra de competência, distinta da exercitada – pois à lei não são indiferentes os meios utilizados; (c) que revelam opção desarrazoada – pois a lei não confere liberdade para providências absurdas; (d) que exprimem medidas incoerentes: 1) com os fatos sobre os quais o agente deveria exercitar seu juízo; 2) com as premissas que o ato deu por estabelecidas; 3) com decisões tomadas em casos idênticos, contemporâneos ou sucessivos – pois a lei não sufraga ilogismos, nem perseguições, favoritismos, discriminações gratuitas à face da lei, nem soluções aleatórias; (e) que incidem em desproporcionalidade do ato em relação aos fatos – pois a lei não endossa medidas que excedem ao necessário para atingimento de seu fim.

Em todos estes casos, a autoridade haverá desbordado o "mérito" do ato, evadindo-se ao campo de liberdade que lhe assistia, ou seja, terá ultrapassado a sua esfera discricionária para invadir setor proibido. O ato será ilegítimo e o Poder Judiciário deverá fulminá-lo, pois estará colhendo, a talho de foice, conduta ofensiva ao direito, que de modo algum poderá ser havida como insindicável, pena de considerar-se o direito como a mais inconsequente das normações e a mais rúptil e quebradiça das garantias.

CAPÍTULO III

MOTIVO, CAUSA E MOTIVAÇÃO DO ATO ADMINISTRATIVO

I – Introdução; II – O motivo do ato administrativo; Motivo legal e motivo de fato; Motivo e móvel; III – O controle jurisdicional dos motivos; IV – Materialidade e "qualificação" dos motivos; V – A causa do ato; VI – A "razoabilidade", a "proporcionalidade", a lealdade, a boa-fé e a igualdade como critérios de avaliação da "causa" do ato; VII – A "motivação" do ato; VIII – Motivação, requisito autônomo de legitimidade?

I – Introdução

1. O plexo de poderes depositados em mãos da Administração, ante seu caráter serviente, instrumental, não é para ser manejado em *quaisquer circunstâncias*, para *quaisquer fins* ou por *quaisquer formas*. Pelo contrário, é previsto como utilizável perante certas circunstâncias, para alcançar determinados fins e por meio de especificadas formas. Daí que existe um completo entrosamento entre os diversos aspectos denominados "elementos" ou "requisitos" ou "pressupostos" do ato administrativo.

Quando se trata de aplicar uma regra de direito, ela tem de ser compreendida em seu todo, como unidade que é, na qual os vários "elementos" se apresentam correlacionados, pois cada um deles se articula com os demais. Por isto, a competência só é validamente exercida quando houver sido manejada para satisfazer a finalidade que a lei visou, obedecidos os requisitos procedimentais normativamente estabelecidos, presentes os motivos aptos para justificar o ato, adotada a forma instrumental prevista e por meio de conteúdo juridicamente idôneo.

Com efeito, a não ser deste modo a legalidade ficaria desfraudada e o comando legal restaria desatendido.

II – O motivo do ato administrativo

2. Todo e qualquer ato administrativo, provenha de onde provier – Legislativo, Executivo ou Judiciário –, tem requisitos para sua válida expedição. Dentre eles, de par com o estrito respeito à finalidade que a lei assinala para o ato, avulta a exigência de que a conduta administrativa esteja estribada nos *pressupostos fáticos*, isto é, nos *motivos* que a norma jurídica tomou em conta ao autorizar ou exigir dada providência.

Motivo, como se sabe, é a situação de direito ou de fato que autoriza ou exige a prática do ato.

Se a regra de direito enuncia que um dado ato pode (ou deve) ser produzido quando presente determinado motivo (isto é, uma dada situação de fato), resulta óbvio ser condição da lisura da providência adotada que efetivamente tenha ocorrido ou seja existente aquela situação pressuposta na norma a ser aplicada. Se o fato presumido pela lei não existe, sequer irrompe a competência para expedir o ato, pois as competências não são conferidas para serem exercidas a esmo. Os poderes administrativos são irrogados para que, em face de determinadas situações, o agente atue com vistas ao escopo legal. Donde o *motivo* é a demarcação dos *pressupostos* fáticos cuja ocorrência faz deflagrar *in concreto* a competência que o agente dispõe em abstrato.

3. Se inocorrem os motivos supostos na lei, falta à autoridade um requisito insuprimível para mobilizar poderes cuja disponibilidade está, de antemão, condicionada à presença do evento que lhes justifica o uso. É claro que, além disto, à míngua deles, não se alcançaria a finalidade legal. Não há como separar o motivo da finalidade, pois são noções inter-relacionadas.

É que o esquema legal supõe realizado certo interesse apenas quando, ocorridas certas circunstâncias, pratica-se um ato que satisfaz um escopo pré-indicado. Ausentes as condições de fato previstas na regra, não ter ocorrido aquilo que a lei qualificou como razão justificadora do ato e, em consequência, obviamente ter havido desencontro com a finalidade legal.

A final, ter-se-á configurado, em *ultima ratio, incompetência material do agente*, pois haverá agido fora do âmbito de poderes que *in concreto* lhe assistiam. Se os exercitou fora deste quadro, haverá manejado forças que a lei não lhe deu, vale dizer, ter extravasado a regra de competência.

Motivo legal e motivo de fato

4. Devem ser distinguidos o motivo legal e o motivo de fato. Motivo legal é a previsão abstrata de uma situação fática, empírica, contida na regra de direito, ao passo que o motivo de fato é a própria situação fática, reconhecível no mundo empírico, em vista da qual o ato é praticável. Evidentemente, para validade do ato, impende que haja perfeita subsunção do motivo de fato ao motivo de direito; vale dizer, cumpre que a situação do mundo fático, tomada como base do ato, corresponda com exatidão ao motivo legal.

Motivo e móvel

5. Importa não confundir os *motivos* – que são, como dito, pressupostos de fato correspondentes a uma categorização legal – com os *móveis* do agente, isto é, com a intenção da autoridade. Móvel ou intenção é algo *subjetivo*, que reside na intimidade *psicológica* do sujeito que atua. Então, enquanto o móvel é interno, subjetivo, psicológico, o motivo é externo, objetivo.[49] A realidade do motivo é exterior ao agente, por ser algo que reside na lei (motivo de direito) ou na realidade empírica (motivo de fato). O móvel corresponde ao intento, ao propósito, do agente, à sua finalidade subjetiva, pessoal – e por isso sua perquisição ganha relevo na *teoria do desvio de poder* com intenção viciada – ao passo que o motivo é realidade *objetiva* cuja existência *precede* o ato e é condição de sua validade.

III – O controle jurisdicional dos motivos

6. Isto posto, não há fugir à conclusão de que o controle dos atos administrativos se estende, inevitavelmente, ao exame dos motivos. A ser de outra sorte, não haveria como garantir-se a legitimidade dos atos administrativos. Daí que a doutrina não apresenta qualquer hesitação em sufragar o entendimento exposto.

---

[49] WALINE, Marcel. *Droit administratif*. 9. ed. Paris: Sirey, 1963. p. 480, n. 792.

Vale a pena colacionar alguns textos de doutores de máxima suposição, onde se bordam, com pena de ouro, comentos da mais rigorosa procedência sobre a análise do motivo como requisito de exame da legitimidade.

Disse Caio Tácito:

> Se inexiste o motivo, ou se dele o administrador extraiu conseqüências incompatíveis com o princípio de direito aplicado, o ato ser nulo por violação da legalidade. Não somente o erro de direito, como o erro de fato autorizam a anulação jurisdicional do ato administrativo.
>
> Negar ao Juiz a verificação objetiva da matéria de fato, quando influente na formação do ato administrativo, ser converter o Poder Judiciário em mero endossante da autoridade administrativa, substituir o controle da legalidade por um processo de referenda extrínseco.[50]

O eminente mestre averbou ainda, e há mais de 30 anos:

> Em repetidos pronunciamentos, os nossos tribunais têm modernamente firmado o critério de que a pesquisa da ilegalidade administrativa admite o conhecimento pelo Poder Judiciário das circunstâncias objetivas do caso. Ainda recentemente, em acórdão no RE 17.126, o STF exprimiu, em resumo modelar, que cabe ao Poder Judiciário apreciar a realidade e a legitimidade dos motivos em que se inspira o ato discricionário da Administração.[51]

André de Laubadère também registra a acolhida desta tese na França e recenseia alguns exemplos, todos eles reportados a hipóteses em que cabia imaginar alguma *discrição administrativa*:

> O juiz não sai de seu papel pois a existência de certas circunstâncias de fato é a própria condição para que o ato administrativo seja legal; não há senão escolher exemplos para citar: a questão de saber-se se, em dadas circunstâncias, a interdição de uma reunião correspondeu ao enfrentamento de uma efetiva ameaça de desordem (Jurisprudência constante em matéria de medidas de polícia); se, em determinada cidade, existe uma crise grave de alojamento em vista da aplicação de textos sobre alojamento compulsório (C.E. 9 ja. 48, Consorts Barbedienne, S.,

---

[50] TÁCITO, Caio. *Direito administrativo*. São Paulo: Saraiva, 1975. p. 60.
[51] TÁCITO, Caio. A Administração e o controle da legalidade. *Revista de Direito Administrativo*, v. 37, 1954. p. 8.

1948, 3.14); se tal organização sindical pode ser considerada como a mais representativa, sobretudo ante o número de seus filiados (C.E., fev. 1949, 3 acórdãos, S., 1950, 3.57, concl. Barbet) etc.[52]

IV – Materialidade e "qualificação" dos motivos

7. Perante um ato administrativo é fundamental indagar então, e desde logo, se faticamente existiram ou não os motivos, vale dizer, os eventos alegados ou presumidos para a prática do ato. Tratar-se-á, *in casu*, de conferir a *mera materialidade*, a simples real existência objetiva deles.

Não basta, entretanto, que dados eventos hajam, deveras, sucedido. Cumpre, em segundo lugar, que sejam *próprios*, isto é, aqueles que a lei reputava *devessem existir* para a prática do ato em questão. Importa, pois, que haja subsunção, adequação, correspondência entre o fato, a situação, que embasou a providência administrativa e aquele à que a lei aludia. Em suma, é de mister haja ocorrido um ajuste entre a realidade concreta e a previsão abstrata da lei, de tal sorte que o suposto normativo se tenha realizado no plano empírico.

8. Esta aferição é simples quando a regra de direito caracteriza o motivo mediante conceitos chamados precisos, determinados. Isto ocorre, *exempli gratia*, quando a lei prevê aposentadoria voluntária para os funcionários do sexo masculino *aos 35 anos de serviço*, ou quando autoriza a apreensão de alimentos *deteriorados* ou de medicamentos cujo *prazo de validade esteja superado* ou ainda quando exige para a inscrição de alguém em um concurso de advogado (suponha-se) que *disponha do título de bacharel em direito e inscrição no álbum profissional* etc.

Em todas estas hipóteses o suposto da conduta administrativa, o motivo de fato, em vista do qual o administrador agirá de um dado modo, está qualificado pela lei em termos que permitem uma verificação singela, estritamente objetiva, de tal modo que o confronto entre a previsão legal e a realidade empírica se faz sem dificuldade. É que prescinde da chamada *qualificação dos motivos*; dispensa uma análise preordenada a apurar se as circunstâncias do caso eram bem aquelas que a lei tinha em mira quando aludiu ao motivo ensejador do ato.

9. Ocorre que se a lei, ao caracterizar o motivo, utilizar-se de conceitos chamados fluidos, vagos, indeterminados, o confronto

---

[52] LAUBADÈRE, André de. *Traite élementaire de droit administratif*. 3. ed. Paris: LGDF, 1963. v. I. p. 486.

entre a previsão normativa e a situação fática tomada como base para a prática do ato apresentará as dificuldades inerentes à *imprecisão relativa* do padrão legal. *Exempli gratia*, se a regra aplicanda mencionar "comportamento indecoroso", "perturbação da tranquilidade pública", "urgência", "valor histórico ou artístico", decurso de "prazo razoável" ou quejandos, obviamente, o campo recoberto por estes conceitos carecerá de uma linha demarcatória definida com rigor e precisão indisputáveis. Aí haverá necessidade de o Judiciário proceder à "qualificação" dos motivos.

É evidente, de um lado, que quaisquer destas expressões têm um campo significativo induvidoso "frente aos quais ninguém vacilaria em aplicar a palavra, e casos claros de exclusão, a respeito dos quais ninguém duvidaria em não usá-la", como registrou com precisão Genaro Carrió, ao tratar dos conceitos indeterminados.[53] Há, pois, o que Fernando Sainz Moreno chamou de "zona de certeza positiva", ao lado da "zona de certeza negativa": "o de certeza positiva (o que é seguro que é) e o de certeza negativa (o que é seguro que não é)".[54]

Porém, haverá, outrossim, entre o círculo de certeza positiva e o de certeza negativa, uma área onde proliferam dúvidas. Para socorrermo-nos, ainda uma vez, das averbações de Carrió: "[...] no meio há uma zona mais o menos extensa de casos possíveis, frente aos quais, quando se apresentam, não sabemos o que fazer".[55]

10. Para alguns, como García de Enterría, em afinamento com a mais moderna doutrina alemã, consoante já se deixou referido, a fluidez destes conceitos nada tem a ver com a discricionariedade. Esta zona de dúvidas terá de ser dissipada pelo *próprio juiz*, pois sua indeterminação só existirá em abstrato. Conforme diz, "[...] não obstante a indeterminação do conceito, admite ser precisado no momento da aplicação [...]", já que

> ao estar se referindo a pressupostos concretos e não a vaguezas imprecisas, contraditórias, é claro que a aplicação de tais conceitos à qualificação de circunstâncias concretas não admite mais que uma solução: ou ocorre ou não ocorre o conceito: ou há boa fé ou não há; ou o preço é justo ou não o é, ou se faltou à probidade ou não se faltou. *Tertium non datur*. Isto é o essencial do conceito indeterminado: a indeterminação

---

[53] CARRIÓ, Genaro. *Notas sobre derecho y leguaje*. Buenos Aires: Abeledo Perrot, 1972. p. 29.
[54] SAINZ MORENO, Fernando. *Conceptos juridicos, interpretacion y discricionariedad administrativa*. Madrid: Civitas, 1976. p. 70-71.
[55] CARRIÓ, Genaro. *Notas sobre derecho y leguaje*. Buenos Aires: Abeledo Perrot, 1972. p. 29.

do enunciado não se traduz em una indeterminação das aplicações do mesmo, as quais só permitem uma "unidade de solução justa" em cada caso.⁵⁶

Mesmo que se considere, como o fazemos nós – em dissonância com este eminente mestre – que perante muitas situações concretas a fluidez de conceito indeterminado é insuscetível de reduzir-se a uma acepção única, ensejando, pois, que remanesça *alguma* discrição administrativa, ainda assim jamais seria possível negar que a extensão desta discrição é limitada. Circunscreve-se ao campo dentro do qual sejam admissíveis juízos controversos *igualmente razoáveis* na caracterização de um dado fato legalmente qualificado. E este exame, sobre o cabimento ou não de mais de uma intelecção, vale dizer, sobre a *razoabilidade* ou *irrazoabilidade* da intelecção adotada, cabe perfeitamente à apreciação de *legitimidade*.

11. Nota-se, pois (seja qual for a posição que se adote na matéria) que, de toda sorte, ao Judiciário caberá, *quando menos*, verificar se a intelecção administrativa se manteve ou não dentro dos limites do razoável perante o caso concreto e fulminá-la sempre que se vislumbre ter havido uma imprópria qualificação dos motivos à face da lei, uma abusiva dilatação do sentido da norma, uma desproporcional extensão do sentido extraível do conceito legal ante os fatos a que se quer aplicá-lo. É que, como diz Laubadère, reportando-se à jurisprudência francesa, à autoridade jurisdicional se reconhece o direito "não apenas de perquirir se os motivos legais realmente existiram, mas, ainda, se eram *suficientes* para justificar a medida editada e se a gravidade dela era *proporcionada* à importância e às características (...dos fatos...) que a provocaram".⁵⁷

12. Não há estranhar que exista tal controle, além do que, cumpre, desde logo, distinguir nitidamente o juízo que se exerce sobre certos fatos, dos fatos em si mesmos. O juízo sobre eles, a valoração deles, pode comportar *algum* subjetivismo (embora, como é óbvio, sempre limitado). Já os fatos em si mesmos pertencem ao mundo das realidades objetivas. A valoração de um fato pressupõe a existência do fato que se valora. De toda sorte, sempre haverá referenciais objetivos, tanto para a

---

⁵⁶ GARCÍA DE ENTERRÍA, Eduardo; FERNÁNDEZ, Tomás-Ramón. *Curso de derecho administrativo*. 4. ed. Madrid: Civitas, 1983. t. 1. p. 433-434. Grifos no original.
⁵⁷ LAUBADÈRE, André de. *Traite élementaire de droit administratif*. 3. ed. Paris: LGDF, 1963. v. I. p. 508, n. 914.

identificação dos fatos que compõem os elementos que a lei determina sejam tomados em conta, quanto para balizar a liberdade valorativa do juízo que se dever exercitar sobre cada fato. É claro que a lei não faculta a quem exercita atividade administrativa adotar providências absurdas, ilógicas, pois a norma de direito não pode pretender disparates: muito menos permitir que o autor de um ato administrativo dê às palavras normativas o conteúdo e a extensão que bem lhe agrade, retirando dos vocábulos utilizados pela regra de direito o significado corrente, normal, que têm, para atribuir-lhes, a seu sabor, o sentido que *ad hoc* lhes queira emprestar.

Deveras, a ser de outro modo, estar-se-ia negando vigência a dispositivos legais que refiram motivos indicados mediante conceitos fluidos. É que se estes não tivessem densidade reconhecível, conteúdo identificável logicamente, não seriam palavras, pois palavra é signo e signo é referencial; *é algo que se remete ao referido*. Não havendo referência, não haveria signo; não havendo signo, não haveria palavra.

Ora, se a lei mencionou dadas expressões é, obviamente, porque considera que elas são signos, vale dizer, sinais que expressam uma dada realidade (caso contrário não as haveria introduzido). O préstimo de tais expressões é exata e precisamente o de demarcar o âmbito da competência outorgada ao aplicador da regra. Segue-se que nem este nem o intérprete podem negar conteúdo – significação objetiva mínima – a estas palavras, pois fazê-lo equivaleria a retirar do texto o que dele consta. Retirar da lei o que ali se encontra não é aplicar ou interpretar a lei. É legislar. É alterar a legislação suprimindo aquilo que fora previsto para limitar a extensão da competência. Ademais, se estes supostos da competência não fossem controláveis, a medida da competência *não seria dada pela lei*, mas pelo próprio agente, pois ele a demarcaria.

Registre-se que o Judiciário brasileiro e já há muitos anos passados não se correu de averiguar se o motivo – "valor histórico ou artístico" de dado bem – existia ou não, apurando-o mediante juízo pericial, em caso no qual se contendeu a procedência deste pressuposto fático de um tombamento.[58]

13. Mesmo quando a lei se omite em explicitar os motivos necessários para a produção do ato, nem por isso poder-se-ia abraçar a conclusão de que, em tais hipóteses, a Administração pode agir sem motivos, isto é, sem apoio em fatos que lhe sirvam de base prestante

---

[58] *RDA*, v. II, fasc. I, 1945. p. 124 e segs.

para expedir o ato, ou que está livre para calçar-se em quaisquer fatos, sejam quais forem.

Com efeito, de um lado – já se viu – a atividade administrativa é "atividade de quem não é proprietário" e por isso de quem carece da possibilidade de atuar a seu líbito ou inconsequentemente, o que só poderia ser admitido para o *dominus*, para o senhor de determinado bem. De outro lado, os poderes administrativos, sendo como são a contraface de deveres – consoante assinalado –, não estão deferidos ao administrador para que atue desarrazoadamente, ilogicamente, ou em descompasso com a finalidade em vista da qual lhe estão outorgados. Por força disto, mesmo se a lei deixar de enunciar explicitamente os motivos, poder-se-á, por meio da índole da competência, da finalidade que visa prover, reconhecer perante que circunstâncias, ou seja, perante que *motivos implícitos* na lei, ela é utilizável.

Jamais seria de admitir que a autoridade pudesse expedir um ato *sem motivo algum* – pois isto seria a consagração da irracionalidade – ou que pudesse *escolher qualquer motivo, fosse qual fosse*, pois redundaria no mesmo absurdo da irracionalidade.

V – A causa do ato

14. Assim, ter-se-á de entender que, faltando explícita menção legal aos motivos propiciatórios de um ato, serão admissíveis apenas os que possam ser reputados implicitamente respaldados pela lei, por corresponderem a situações que demandaram a prática de um ato idôneo para atendimento da finalidade normativa.

É de mister, pois, nestes casos, verificar se há relação de pertinência lógica, ou seja, de adequação à face de princípios encampados pelo direito, entre a situação tomada como base para a prática do ato e a finalidade que a lei atribui à competência exercitada.

É aqui que se propõe o tema do que chamaremos *causa* do ato administrativo, acolhendo, com pequeno aditamento esclarecedor, a nomenclatura e a acepção que o jurista luso André Gonçalves Pereira atribuiu a este relevante fator de controle da legitimidade do ato.[59]

Ensina o citado mestre que causa é a relação de adequação lógica entre o pressuposto de fato (motivo) e o conteúdo do ato. Reputamos necessário acrescentar: em vista da finalidade legal. Isto porque o

---

[59] PEREIRA, André Gonçalves. *Erro e ilegalidade no acto administrativo*. Lisboa: Ática, 1962. p. 122.

parâmetro, o critério avaliador da pertinência, é necessariamente a finalidade. Será em função dela que se poderá dizer se ocorreu ou não a correlação requerida, pois entre um fato e uma conduta só há nexo lógico em vista de algum fim.

É em face dele que se reconhecerá se uma dada situação *postulava ou não* aquela conduta que a Administração tomou. Donde se faltará "causa" idônea, se os fatos ou as circunstâncias tomadas em conta para a prática do ato não guardarem relação de adequação lógica suficiente para justificar a conduta administrativa em vista da finalidade que esta se propõe a prover, o ato será inválido.

15. Com efeito, se o administrador embasa-se em determinados eventos ou situações e diante deles pratica ato *desproporcional* ao que era requerido para atingir o fim legal ou *inapto* a lhe dar satisfação, por insuficiente, inadequado, imprestável, verifica-se que os motivos em que se apoiou não eram justificadores da providência; em uma palavra: não podiam ser os motivos *implícitos* na lei, porque "não haverá a correlação lógica necessária" entre o que se tomou como estribo para expedir o ato e o conteúdo dele. Vale dizer: não era perante aqueles fatos que o bem jurídico consagrado na finalidade legal reclamaria a adoção da medida tomada.

Em casos deste jaez, percebe-se que a regra de competência – orientada que é, como se viu, ao suprimento de dado escopo – não autorizava a conduta senão perante certos eventos *diferentes* dos que embasaram o ato, pois estes não demandavam a medida adotada como meio para atender à finalidade legal. Daí que as situações (motivos) tomadas como apoio do ato não o justificavam, não eram suficientes, bastantes ou apropriadas para ensejar-lhe a expedição. Em síntese: não eram "causa" juridicamente idônea para apoiar o ato, do que resultará a invalidade dele.

VI – A "razoabilidade", a "proporcionalidade", a lealdade, a boa-fé e a igualdade como critérios de avaliação da "causa" do ato

16. É claro que a lei não faculta a quem exercita atividade administrativa adotar providências ilógicas ou desarrazoadas. Outrossim, como os poderes administrativos são meramente *instrumentais*, isto é, servientes de um dado escopo normativo, a validade de seu uso adscreve-se ao necessário para alcançá-lo. Toda demasia, todo excesso, toda providência que ultrapasse o que seria requerido para – *à face dos*

motivos que a suscitaram – atender ao fim legal, será uma extralimitação da competência e, pois, uma invalidade, revelada na desproporção entre os motivos e o comportamento que nele se queira apoiar.

A *razoabilidade* – que, aliás, postula a proporcionalidade –, *a lealdade e a boa-fé*, tanto como o respeito ao *princípio da isonomia*, são princípios gerais do direito que também concorrem para conter a discricionariedade dentro de seus reais limites, assujeitando os atos administrativos a parâmetros de obediência inadversável.

Deveras, como observa García de Enterría, os *princípios gerais do direito* não se constituem em um abstrato reclamo da moral ou da justiça, porém, são "uma condensação dos grandes valores jurídico materiais que constituem o *substratum* do Ordenamento e da experiência reiterada da vida jurídica".[60]

Sobremodo no Estado de direito, repugnaria ao senso normal dos homens que a existência de discrição administrativa fosse um salvo conduto para a Administração agir de modo incoerente, ilógico, desarrazoado e o fizesse precisamente a título de cumprir uma finalidade legal, quando – conforme se viu – a discrição representa, justamente, margem de liberdade para eleger a conduta mais clarividente, mais percuciente ante as circunstâncias concretas, de modo a satisfazer com a máxima precisão o escopo da norma que outorgou esta liberdade.

17. Também não se poderiam admitir medidas desproporcionadas em relação às circunstâncias que suscitaram o ato – e, portanto, assintônicas com o fim legal – não apenas porque conduta desproporcional é, em si mesma, comportamento desarrazoado, mas também porque representaria um extravasamento da competência.

Este vício jurídico melhor se percebe ante a seguinte consideração. Um ato administrativo é manifestação concreta da função administrativa. Reiteradas vezes relembramos que se tem função quando o exercício de um poder corresponde à satisfação do dever de implementar, no interesse de outrem, uma finalidade preestabelecida na regra de direito. Assim, a ideia de função requer estejam concorrentes os seguintes fatores: uma finalidade proposta pela ordenação normativa como algo cuja busca se apresenta como obrigatória e, de conseguinte, é efetuada por alguém à conta de um dever, do qual, para se desincumbir, necessita de um poder – que por isso lhe é deferido – manejável no interesse de outrem.

---

[60] GARCÍA DE ENTERRÍA, Eduardo; FERNÁNDEZ, Tomás-Ramón. *Curso de derecho administrativo*. 4. ed. Madrid: Civitas, 1983. t. 1. p. 449.

Então, o administrador público, que, enquanto tal, é alguém encarregado de gerir interesses coletivos (não os próprios), tem, acima de tudo, o *dever* de agir em prol de terceiro (a coletividade) e se considera que o faz quando busca as finalidades legais. Não poderia fazê-lo se não tivesse os poderes indispensáveis para tanto. Donde, a fim de que possa atender ao interesse destes terceiros (a coletividade), lhe é atribuído um círculo de poderes. Logo, a razão de existir deste círculo de poderes (competência) é *exclusivamente* propiciar-lhe que supra os fins legais. Então, o administrador dispõe, na verdade, de "deveres-poderes" (e não poderes-deveres), porque o poder é ancilar, é meramente serviente da finalidade. *Segue-se que a medida de competência, in concreto, é dada pela extensão e intensidade do poder necessário para, naquele caso, alcançar o fim legal.*

18. Com efeito, se o poder conferido é meramente instrumental, se é tão só *serviente* de um fim (nada tendo a ver com a ideia de "direito", de "domínio" ou de "propriedade" do direito privado), só se justifica, só existe, *na medida necessária. Ergo*, em todo ato desproporcionado, excessivo, há por definição *um excesso em relação à competência*, pois não guarda a indispensável correlação com ela. Em outras palavras: o agente, em tais casos, supera a demarcação de seu "poder", porque ultrapassa o necessário para se desincumbir do dever de bem cumprir a lei. Eis porque todo excesso, toda demasia, é inválido, viciando o ato. A final, como disse Jesus Gonzalez Perez, o princípio da proporcionalidade "não postula outra coisa senão uma adequação entre meios e fins".[61]

19. A seu turno, os princípios da lealdade e da boa-fé são condições do convívio jurídico. Não se compreenderia que a própria ordenação normativa abonasse ou fosse complacente com a má-fé. Menos, ainda, se compreenderia que os administradores, exatamente quando a lei lhes outorgasse discrição, isto é, esfera de certa liberdade para melhor atender ao ordenamento, pudessem expedir atos desleais ou que burlassem a boa-fé, salvo abraçando-se a tese absurda de que a Administração não tem compromissos com os valores que a lei consagra.

20. Derradeiramente, o princípio da igualdade também é um limite da discrição e não poderia deixar de sê-lo, quando mais não fosse, no caso brasileiro, por sua explícita consagração no art. 5º, *caput*

---

[61] GONZALEZ PEREZ, Jesus. *El principio general de la buena fe en el derecho administrativo.* Madrid: Civitas, 1983. p. 39.

do Texto Constitucional. Se as leis devem ser obsequiosas ao preceito isonômico, maiormente terá de sê-lo a Administração, a quem incumbe cumpri-las.

VII – A "motivação" do ato

21. A exteriorização das razões que justificam o ato é sua *motivação*. Esta – é bem de ver – não se confunde com os motivos. Estes podem até ter existido e, em despeito disto, a Administração haver-se omitido em declará-los, quando da expedição do ato. Em tal caso, haverá motivos, mas faltará motivação. De revés, podem não ter existido os motivos – ou não serem aqueles aptos a supedanear o ato – e a Administração, equivocadamente ou agindo à falsa-fé, haver motivado o ato, reportando-se a eles, tal como se estivessem existindo ou como se fossem idôneos para apoiá-lo.

A autoridade necessita referir não apenas a base legal em que se quer estribada, mas também os fatos ou circunstâncias sobre os quais se apoia e, quando houver discrição, a relação de pertinência lógica entre seu supedâneo fático e a medida tomada, de maneira a se poderá compreender sua idoneidade para lograr a finalidade legal. A motivação é, pois, a *justificativa* do ato.

Faltando a enunciação da *regra jurídica* proposta como aplicanda, não se terá como saber se o ato é adequado, ou seja, se corresponde à *competência* utilizada; omitindo-se a enunciação dos fatos e situações à vista dos quais se está procedendo de dado modo, não se terá como controlar a própria *existência material* de um motivo para ele e, menos ainda, seu *ajustamento à hipótese normativa*: carecendo de fundamentação esclarecedora do porquê se agiu da maneira tal ou qual, não haverá como reconhecer-se, nos casos de discrição, *se houve ou não razão prestante* para justificar a medida e, pois, se ela era, deveras, confortada pelo sistema normativo.

Com efeito, como contestar a validade de um ato se os seus motivos, se sua razão de ser, permanecerem ignorados, ocultos? Como impugná-lo, como submetê-lo ao crivo jurisdicional, se forem, desde logo, desconhecidas as bases em que está assentado?

Se isto fosse possível, o ato administrativo apresentar-se-ia como definitivo, com força de verdade legal, tão irrevisível quanto uma decisão judicial transitada em julgado. Ganharia os atributos que só assistem aos pronunciamentos judiciários finais.

22. Aliás, até mesmo razões esforçadas na lógica do Estado de direito, no exercício democrático do poder, reclamariam a necessidade de motivação. Agustín Gordillo, recorrendo a ensinamentos de Rivero, anota que "já a democracia é não só um modo de *designação* do poder, mas também um modo de *exercício* do poder".[62] Daí as seguintes palavras suas sobre a motivação:

> Do mesmo modo, o que no passado foi exigência jurídica, de que o ato administrativo contivesse uma "motivação" ou explicitação de seus fundamentos, é hoje uma exigência política: agora cumpre explicar ao cidadão porque se lhe impõe uma norma, e cumpre *convencê-lo* com a explicação; pois, se não se explica satisfatoriamente, faltará seu consenso, que é a base essencial do conceito democrático atual e futuro do exercício do poder.[63]

Antonio Carlos de Araújo Cintra, em valiosa monografia sobre *motivo e motivação do ato administrativo*, aponta o que configura como esquema básico da motivação, necessário a que se preencha o requisito de suficiência, da seguinte forma:

> Assim, em primeiro lugar, é preciso que a motivação indique as premissas de direito e do fato em que se apóia o ato motivado, com a menção das normas legais aplicadas, sua interpretação e, eventualmente, a razão da não aplicação de outras; e com referência aos fatos, inclusive a avaliação das provas examinadas pelo agente público, a seu respeito. Em segundo lugar, o agente público deve justificar as regras de inferência através das quais passou das premissas à conclusão, se houver necessidade [...].
>
> Por outro lado, sob o aspecto formal, a motivação deve ser clara e congruente, a fim de permitir uma efetiva comunicação com seus destinatários.

Daí haver indicado, precedentemente, como requisitos da motivação "a suficiência, a clareza e a congruência".[64]

23. Em suma, a motivação deve ensejar que se confira, nos casos em que o agente disponha de alguma discrição (seja sobre que aspecto

---

[62] GORDILLO, Agustín. *Tratado de derecho administrativo*. Buenos Aires: Macchi, 1975. t. 1 (grifos no original).

[63] GORDILLO, Agustín. *Tratado de derecho administrativo*. Buenos Aires: Macchi, 1975. t. 1. n. 3.2.2 (grifos no original).

[64] AMARAL, Antonio Carlos Cintra do. *Motivo e motivação do ato administrativo*. São Paulo: Revista dos Tribunais, 1979. p. 127-128.

for), se a decisão foi adequada, proporcional ao demandado para cumprir a finalidade pública específica a que deveria atender ante o escopo legal.

Com efeito, os "poderes" de que um agente dispõe – e são antes deveres-poderes, que poderes-deveres, conforme já se assinalou – lhe são conferidos única e exclusivamente para servir do melhor modo possível interesses alheios, os da coletividade, pois correspondem ao exercício de "função", consoante inicialmente deixou-se averbado. Logo, têm caráter meramente *instrumental, ancilar, serviente*, de uma dada finalidade (nada tendo a ver com a ideia de "direito", de "domínio", de "propriedade" ou de "autonomia da vontade", do direito privado). Por isso cada "poder" (competência) só existe na *medida necessária* ao atendimento do fim à vista do qual foi instituído. Então, todo ato desproporcionado, excessivo, inadequado, representa um extravasamento da competência, pois não guarda a indispensável correlação com ela. Em rigor, diante de tal hipótese, o agente supera a demarcação de seu "poder", porque ultrapassa o necessário para se desincumbir do dever de bem cumprir a lei. E o ato é, por definição, inadequado.

24. Anote-se que mesmo as mais altas e conspícuas autoridades, sejam do Legislativo, sejam do Judiciário, sejam do Executivo, ainda quando praticam atos administrativos ensejadores de larga margem de discrição, encontram-se igualmente assujeitadas ao dever de motivar, ao contrário do que muitas vezes se supõe. Descaberia imaginar que órgãos ou agentes cuja respeitabilidade fosse intacável e intacada estejam imunes às aludidas exigências.

Não haveria necessidade alguma de leis, nem de garantias individuais, nem de contraste jurisdicional de atos administrativos, se se considerasse que a condução da vida social pode ser entregue exclusivamente ao juízo sensato de homens bons. As leis reguladoras da ação do Poder Público existem precisamente para conformar a ação de quaisquer sujeitos encarregados da coisa pública – inclusive os *viri boni* – a pautas e controles que pretendem assegurar, em termos objetivos, obediência a esquemas de conduta controláveis pelo cidadão e pelos órgãos fiscalizadores.

De outra parte, por mais honrados, dignos e confiáveis que sejam certos agentes públicos, nem por isso são seres perfeitos. A perfeição é atributo divino. Todos os homens são passíveis de se equivocar ou de incorrer nas inevitáveis falências inerentes a seres conaturalmente limitados, sobremodo quando proferirem decisões administrativas.

O direito, quando outorga competências públicas, compõe um quadro de legalidade em que se confinam as liberdades de opção do agente público. Ao expressar os requisitos para a prática de um ato, propõe-se justamente a reduzir a possibilidade de que as falências humanas acarretem descompassos entre o projeto normativo e a atuação das autoridades que devam levá-lo à concreção.

Bem por isso, decisões imotivadas, sigilosas, entregues ao exclusivo e irrevisível "arbítrio" ou "juízo de consciência" dos próprios autores do ato são radicalmente inconviventes com o "Estado de direito", além de se chocarem com o simples senso comum, que postula naturalmente a aceitação da falibilidade humana e consequentes mecanismos de seu controle.

25. A importância da motivação do ato administrativo e sua necessidade foram bem acentuadas pelo eminentíssimo administrativista uruguaio, o pranteado Prof. Alberto Ramón Real. Ao cabo de precioso estudo sobre a motivação, concluiu:

> 1º – A necessidade de motivar ou fundamentar, obrigatoriamente, os atos administrativos é um princípio geral do direito administrativo contemporâneo. Este princípio deve ser reconhecido como tal nos Estados cujas leis e jurisprudência ainda não o proclamaram.
>
> 2º – Este novo princípio geral do direito administrativo se enraíza nas bases constitucionais do Estado de Direito e tem fundamento comum ao da necessidade de fundamentar os atos jurisdicionais. É um aspecto da 'jurisdicionalização' ou extensão dos princípios do devido processo à atividade administrativa.
>
> 3º – A fundamentação obrigatória é penhor de boa administração, ao mesmo tempo que garantia democrática dos administrados.
>
> 4º – A *omissão ou defeito grave da fundamentação* produz nulidade por vício de um elemento essencial do ato, que excede sua formalidade e toca seu conteúdo e racionalidade.[65]

26. Averbe-se, finalmente, que se até as decisões jurisdicionais são nulas se carecerem de enunciação de seus fundamentos (Constituição Federal, art. 93, IX, e Código de Processo Civil, art. 458, II), requisito insuprimível delas, e suscetíveis de desconstituição por ação rescisória, quando incursas em erro de fato (art. 485, IX, do CPC), não há como imaginar-se que meros atos administrativos possam ficar à margem de

---

[65] RAMÓN REAL, Alberto. La fundamentación del acto administrativo. *Revista de Derecho Publico*, n. 27, p. 131-132, ene./jun. 1980. p. 131-132.

tal exigência e ensejarem erros de fato encobertos para sempre, ainda que sob o manto do "segredo" dos motivos. Aliás, *a Constituição no que concerne às decisões administrativas dos Tribunais é expressa quanto a exigir-lhes motivação (art. 93, X).*

VIII – Motivação, requisito autônomo de legitimidade?

27. Encarecida como foi a relevância da motivação, caberia finalmente indagar se a falta de motivação anterior ou contemporânea ao ato seria ou não razão de *per si* suficiente para acarretar-lhe a invalidade, em todo e qualquer caso, mesmo naqueles em que a lei se omitisse em declará-la obrigatória.

Carlos Ari Sundfeld, em precioso trabalho sobre a matéria, sustenta enfaticamente que a motivação, anterior ou contemporânea ao ato, é requisito insuprimível de sua validade, salvo "quando estiver contida implícita e claramente no conteúdo de ato vinculado, de prática obrigatória, baseada em fato sem qualquer complexidade".[66]

Parece-nos que a fórmula indicada, se não coincide, está muito próxima daquela que temos acreditado ser a resposta adequada ao problema e que, de outra feita, propusemos nos seguintes termos:

> Deveras, o que torna exigente a motivação *quando não imposta explicitamente pela lei*, é a necessidade de sua existência como meio para aferir-se a consonância do ato com as condições e a finalidade normativamente previstas. A motivação é instrumento de garantia dos administrados. Donde, há de ser considerada indispensável nos casos em que a ausência de motivação contemporânea ao ato impeça ulterior certeza de que foi expedido segundo os exatos termos e requisitos da lei.

E logo além:

> É certo, pois, que a motivação será obrigatória nos casos em que possa prosperar dúvida, por pequena que seja, sobre a pré-ocorrência dos motivos não expressados. Interessa impedir, isto sim, que a Administração possa, ulteriormente, vir a alegar administrativa ou judicialmente motivos ou razões falsas, quando do eventual questionamento do ato.[67]

---

[66] SUNDFELD, Carlos Ari. Motivação do ato administrativo como garantia dos administrados. *RDP*, v. 75, jul./set. 1985. p.118 e segs., notadamente, 134; 125.
[67] BANDEIRA DE MELLO, Celso Antônio. *Ato administrativo e direito dos administrados.* São Paulo: Revista dos Tribunais, 1981. p. 76-77.

28. Deveras, é perceptível de imediato que nenhuma aferição de legitimidade, nenhuma certeza sobre a correção do ato administrativo serão prestantes se este for expedido sem motivação, quando, uma vez impugnado, exista para quem o expediu – Legislativo, Executivo ou Judiciário – a possibilidade de aduzir *ad hoc*, serodiamente, motivos, razões e justificativas que jamais se poderá saber se efetivamente existiram ou foram tomados em conta no momento de sua prática.

Os prejudicados pelo ato, bem como o julgador de sua lisura jurídica, jamais terão meios de aferir se ditos motivos (e correlatamente razões e justificativas) estiveram ou não embasando o ato questionado, à época em que foi produzido. Fora isto possível, ficaria garantida para certos atos imunidade em relação ao princípio da legalidade. Ganhariam foros de atos libertos das exigências que o sistema normativo lhes quis inculcar. Repetir-se-ia, em relação a eles, a condição "supralegal" de que desfrutavam os atos do príncipe – precisamente o que o Estado de direito veio a abolir.

Logo, é inevitável concluir, com o precitado Ramón Real, que a motivação é da *essência do ato, requisito indispensável de sua validade*, segundo entendemos, nas hipóteses em que a motivação *a posteriori* não pode garantir de modo absolutamente induvidoso que motivos ulteriormente aduzidos preexistiam e eram suficientes para sua válida produção, por coincidirem com o requerido pela lei.

Por isso, em nosso estudo anteriormente referido, indicamos que a solução deste tormentoso problema, em termos práticos, acercava-se do seguinte esquema, embora não se pudesse considerar que se esgotava nele:

> Se o motivo foi vinculado e obrigatória a prática do ato ante sua ocorrência, a falta de motivação não invalida o ato desde que o motivo haja efetivamente existido e seja demonstrável induvidosamente sua antecedência em relação ao ato. Se a escolha do motivo for discricionária (ou sua apreciação comportar alguma discricionariedade) ou ainda quando o conteúdo do ato for discricionário, a motivação é obrigatória.[68]

---

[68] BANDEIRA DE MELLO, Celso Antônio. *Ato administrativo e direito dos administrados*. São Paulo: Revista dos Tribunais, 1981. p. 77.

REFERÊNCIAS

ALESSI, Renato. *Sistema istituzionale del diritto amministrativo italiano*. 3. ed. Milão: Giuffrè, 1960.

AMARAL, Antonio Carlos Cintra do. *Motivo e motivação do ato administrativo*. São Paulo: Revista dos Tribunais, 1979.

BANDEIRA DE MELLO, Celso Antônio. *Ato administrativo e direito dos administrados*. São Paulo: Revista dos Tribunais, 1981.

BANDEIRA DE MELLO, Celso Antônio. Mandado de segurança contra denegação ou concessão de liminar. *RDP*, v. 92.

BANDEIRA DE MELLO, Oswaldo Aranha. *Princípios gerais de direito administrativo*. 1. ed. Rio de Janeiro: Forense, 1969. v. I.

BANDEIRA DE MELLO, Oswaldo Aranha. *Princípios gerais de direito administrativo*. 2. ed. Rio de Janeiro: Forense, 1979. v. I.

BENOÎT, Francis-Paul. *Le droit administratif français*. Paris: Dalloz, 1964.

CARRIÓ, Genaro. *Notas sobre derecho y leguaje*. Buenos Aires: Abeledo Perrot, 1972.

CERQUINHO, Vaz Percival Julio. *O desvio de poder no ato administrativo*. São Paulo: Resenha Tributária, 1977.

DEBBASCH, Charles. *Contentieux administratif*. Paris: Dalloz, 1975.

DI PIETRO, Maria Sylvia Zanella. *Discricionariedade administrativa na Constituição de 1988*. São Paulo: Atlas, 1991.

FAGUNDES, Miguel Seabra. *O controle dos atos administrativos pelo Poder Judiciário*. 5. ed. Rio de Janeiro: Forense, 1979.

FALZONE, Guido. *Il dovere di buona amministrazione*. Milão: Giuffrè, 1953.

FAZZIO, Giuseppe. *Sindicabilità e motivazione degli atti amministrativi discrezionali*. Milão: Giuffrè, 1971.

GARCÍA DE ENTERRÍA, Eduardo; FERNÁNDEZ, Tomás-Ramón. *Curso de derecho administrativo*. 4. ed. Madrid: Civitas, 1983. t. 1.

GONZALEZ PEREZ, Jesus. *El principio general de la buena fe en el derecho administrativo*. Madrid: Civitas, 1983.

GORDILLO, Agustín. *Tratado de derecho administrativo*. Buenos Aires: Macchi, 1975. t. 1.

LAUBADÈRE, André de. *Traite élementaire de droit administratif*. 3. ed. Paris: LGDF, 1963. v. I.

LAUBADÈRE, André de. *Traite élementaire de droit administratif*. 6. ed. Paris: LGDF, 1976. v. I.

LAUBADÈRE, André de. *Traite élementaire de droit administratif*. 5. ed. Paris: LGDF,

LEITE, Luciano Ferreira. *Discricionariedade administrativa e controle judicial*. São Paulo: Revista dos Tribunais, 1981.

LIMA, Ruy Cirne. *Princípios de direito administrativo*. 5. ed. São Paulo: Revista dos Tribunais, 1982.

LONG, Martin; WEIL, Prosper; BRAIBANT, Guy. *Les Grands Arrêts de la Jurisprudence Administrative*. 4. ed. Paris: Sirey, 1965.

MEIRELLES, Hely Lopes. *Direito administrativo brasileiro*. 15. ed. atualizada pela Constituição de 1988. São Paulo: Revista dos Tribunais, 1990.

MIELE, Giovanni. *Principi di diritto amministrativo*. 2. ed. Padova: Cedam, 1960. v. I.

MONTESQUIEU, Charles de. *De l'esprit des lois*. Paris: Garnier Frères, Libraires Editeurs, 1869.

MOREIRA NETO, Diogo de Figueiredo. *Legitimidade e discricionariedade*. 2. ed. atual. Rio de Janeiro: Forense, 1991.

PEREIRA, André Gonçalves. *Erro e ilegalidade no acto administrativo*. Lisboa: Ática, 1962.

PINTO, Tereza Celina de Arruda Alvim. Limites à chamada "discricionariedade judicial". *RDP*, v. 96.

QUEIRÓ, Afonso Rodrigues. *Estudos de direito administrativo*. Coimbra: Atlântida, 1968.

QUEIRÓ, Afonso Rodrigues. *Reflexões sobre a teoria do desvio de poder*. Coimbra: Coimbra Editora, 1940.

RAMÓN REAL, Alberto. La fundamentación del acto administrativo. *Revista de Derecho Publico*, n. 27, p. 131-132, ene./jun. 1980.

RECASÉNS SICHES, Luis. *Tratado general de filosofia del derecho*. 2. ed. México: Porrua, 1961.

RIVERO, Jean. *Droit administratif*. 2. ed. Paris: Dalloz, 1962.

ROUSSEAU, Jean Jacques *El contrato social*. Tradução espanhola. Barcelona: Editorial Maucci, [s.d.].

SAINZ MORENO, Fernando. *Conceptos juridicos, interpretacion y discricionariedad administrativa*. Madrid: Civitas, 1976.

SILVA, Maria Cuervo; CERQUINHO, Vaz Percival Julio. *O desvio de poder no ato administrativo*. São Paulo: Revista dos Tribunais, 1979.

STASSINOPOULOS, Michel. *Traité des actes administratifs*. Athenas: Librairie Sirey, 1954.

SUNDFELD, Carlos Ari. Motivação do ato administrativo como garantia dos administrados. *RDP*, v. 75, jul./set. 1985.

TÁCITO, Caio. A Administração e o controle da legalidade. *Revista de Direito Administrativo*, v. 37, 1954.

TÁCITO, Caio. *Direito administrativo*. São Paulo: Saraiva, 1975.

WALINE, Marcel. *Droit administratif*. 9. ed. Paris: Sirey, 1963.

ZANOBINI, Guido. *Corso di diritto amministrativo*. 3. ed. Padova: Cedam, [s.d.]. v. I.

Esta obra foi composta em fonte Palatino Linotype, corpo 10
e impressa em papel Pólen Bold 70g (miolo) e Supremo 250g (capa)
pela Formato Artes Gráficas.